4칙 연산
자기혁신경영

copyright ⓒ 2015, 홍문기
이 책은 현대경영북스가 발행한 도서로서, 본사의 허락 없이
책 내용의 일부 또는 전체를 복사하거나 전재하는 행위를 금합니다.

고사성어, 우화와 함께하는

4칙 연산
자기혁신경영

홍문기 지음

현대경영북스

머리말

더하고, 빼고, 나누고, 뒤집음을 통한 지혜로운 변화 이야기

자신이 원하는 무언가를 위해 도전하는 모습은 참으로 아름답습니다. 훌륭한 기량을 보이는 운동선수는 숱한 연습을 통해 팬들을 열광시키는 실력을 갖춥니다. 학문을 하는 사람도 지식을 쌓는 데 밤낮이 없고, 도를 터득하고자 하는 수도자도 힘든 고행을 마다하지 않습니다.

우리는 그들이 흘리는 땀으로부터 무언가를 이루겠다는 강한 의지를 볼 수 있습니다. 의지는 무언가를 시작하고 끝까지 실행하는 힘입니다. 여기에 지혜가 받침이 되어준다면 그들의 의지는 더욱 효과적으로 원하는 것을 이루는 토대가 될 수 있을 것입니다.

지혜는 필요한 것을 취하고 필요하지 않은 것을 버리는 것이며, 멀리 바라보고 넓게 생각하며, 입장을 바꿔 생각할 수 있는 힘입니다. 지혜는 또 다른 것을 받아들이고, 다른 것과 함께하며, 새로운 것을 유연하게 떠올릴 수 있는 힘이기도 합니다. 지혜는 운동선수의 기량을 높여주며, 학문을 하는 사람의 시야를 트이게 하고, 수도자가 세상을 위해 더욱 봉사하는 삶을 살 수 있게 합니다.

조직을 경영하는 경영자나 관리자도 마찬가지입니다. 조직의 성공과 발전을 위해 일하겠다는 의지와 그 의지의 효과적 실현을 뒷받침

해주는 지혜로운 사고와 행동을 지속적으로 펼친다면 훌륭한 경영자, 존경받는 관리자가 될 수 있으리라 생각합니다.

　본서는 고사 속 이야기와 일화·우화를 통해 조직생활을 하면서, 또 인생을 살아가면서 더하면 좋은 것들과 버리면 나은 것들, 뒤집어 생각하면 좋은 것들과 나누면 좋은 것들에 대한 지혜를 들려드리고자 합니다.

　독자들이 일정한 흐름에 따라 글을 읽을 수 있도록 전달하고자 하는 메시지의 내용에 따라 더하기와 빼기, 나누기와 뒤집기라는 4칙연산의 틀을 사용하여 이야기를 분류, 편집했습니다.

　이러한 이야기들이 성공을 향한 굳은 의지를 지니고 나아가는 모든 분들의 지혜를 더하는 데 좋은 모티브가 될 수 있길 바라마지 않으며, 독자 여러분 모두의 가족과 조직이 함께 행복하고 발전, 건승하시길 진심으로 기원 드립니다.

저자 홍문기

| 차례 |

1부
더하기의 지혜
지키고, 늘리며 가치 더하기

1 상황판단과 결단력, 용기 • 015
임금님이 가르쳐준 성공의 세 가지 비결 / 마차를 쫓아 뛰어오게 하다 / 매듭을 푼 이야기 셋 / 이겨낸다면 모든 상처는 훈장이 된다

2 신뢰 • 022
소중하지 않은 약속은 없다 / 큰 약속, 작은 약속

3 비전과 목표, 희망 • 027
표류가 아닌 항해를 하려면 / 희망은 포기하지 않는 것

4 성실함과 주인의식 • 031
후계자로 지목된 사람 / 성실함에 대한 보답 / 이태백의 10년 공부 / 주인을 대신할 사람은 주인밖에 없다

5 열정과 실행력 • 038
타오르는 열정을 아낌없이 쏟아붓다 / "시작은 괜찮은 것 같은데…" / 어머님의 가르침 / 붓을 던지고 군화를 신다 / 목적과 수단을 혼동하지 않고 실천한다

6 자긍심과 긍정적 사고 • 047
같은 질문, 다른 답변 / '덕분에'와 '때문에' / 운명은 다른 사람의 입이 아닌 네가 만든다 / 담담하게, 당당하게 / 유혹에 흔들리지 않으며 자기 가치를 지키다

7 인간관계 • 056

줄탁동시 / 먼저 다가가기 / 다른 사람을 위해 해줄 수 있는 것은 먼저 행한다 / 수어지교

8 시간관리 • 063

두 가지 5분 / 시간관리는 인생관리다 / 지금 아니면 언제…?

9 건강 • 068

일과 건강의 균형 / 웃음과 미소, 유머 감각은 정신건강을 지켜준다

10 역량 • 072

최선을 다해 한계를 극복하다 / 수불석권으로 괄목상대할 인물이 되다 / 길게 보고 끊임없이 갈고 닦는다

2부
빼기의 지혜
버리고 없애고 줄이기

1 욕심 • 081

눈앞의 함정 / 억지로 뽑는다고 자라지 않는다 / 과정 없이 얻을 수는 없다 / 나서야 할 때와 물러나야 할 때 / 하늘이 알고 땅이 알고 네가 알고 내가 안다 / 허황된 바람을 버려라

2 이기심 • 091

목마름이 아니라 메마름이 우리를 황폐하게 한다 / 자기 체면만 지키려다 나라를 잃을 수는 없다

3 자만심과 교만함 • 095
교만은 추락을 가져온다 / 하늘을 난 개구리 / 더 큰 부자와 더 빠른 총잡이는 항상 있다 / 누구에게라도 묻는 것이 어째서 부끄러운가?

4 우유부단 • 103
진짜 문제는 문제에 대해 고민만 하고 있는 것 / 갈림길이 많으면 길을 잃기 쉽다 / 윤형방황 / 다른 것에 정신이 팔리면 본래의 뜻을 잃는다 / 어설픈 흉내만 내서는 아무것도 이루지 못한다

5 미움과 분노 • 111
마음속의 '미늘' / 제갈공명의 부채 / 태워 없애야 할 것은 마음속 노여움 / 말과 글로 적을 만들지 말라 / 해와 달을 욕해보았자 무슨 의미가 있겠느냐?

6 편견과 부정적 사고 • 119
천사의 시선과 돼지의 시선 / 춥다고 생각하면 춥게 느껴진다

7 허례허식 • 123
소박한 삶의 태도가 보여주는 가치 / 진짜 금에는 도금을 하지 않는다

8 안일함과 나태, 좋지 않은 습관 • 127
갈매기들의 떼죽음 / 악마들의 회의와 자포자기 / 나를 만들고, 훈련시키고, 단호하게 대하라

9 시기, 원망과 불평 • 133
먹이를 더 많이 주는 이유 / 내 탓이오, 내 탓이오

10 어리석음   • 137
부분만 듣고 본 후 흉내내는 오류 / 판단기준과 융통성 / 천리마가 있어도 백락(伯樂)이 없으면 소용없다

3부
나누기의 지혜
주고받으며 함께하기

1 사랑과 희생   • 147
여신의 두 가지 질문과 천국의 모습 / 키몬과 페로 / 소중한 것을 나누다 / 손자를 위해 나무를 심다 / 알몸으로 말을 탄 여인 / 할머니를 위해…

2 희망과 감사   • 157
시름 대신 평화의 거름이 되다 / 감사와 영예로운 마음을 서로 전하다 / 음수사원(飮水思源)의 마음 / 감사함을 통해 자유를 얻은 노예 / 어느 무명용사의 기도

3 이해와 용서   • 165
서로를 이해하고 인정하다 / 관용을 베풀어 충성을 얻다 / 배려가 담긴 그림 / 칭찬 폭격, 사랑 폭격을 통한 진정한 용서

4 부와 재능   • 173
정의로운 강도, 착한 부자 / 재물은 베풀수록 늘어난다 / 의원에게 필요한 것은 의술과 인술뿐이오 / 감추어져 있던 지혜를 드러내 군주를 구하다 / 인류의 정신문명 향상에 기여한 조용한 노력 / 열린 마음으로 재능을 베풀다 / 돈을 벌려고 과학자가 된 것이 아니다

5 지지와 격려　　　　　　　　　　　　　　　　　　　　• 185
친구를 업고 눈길을 걷다 / 구하러 올 줄 알았습니다 / 새끼 거북들 이야기 / 너와 우리가 있기에 내가 있다

6 깨달음　　　　　　　　　　　　　　　　　　　　　　• 192
공자에게 깨달음을 나누어준 어부 / 아내의 질책 / 천문지리 공부를 분발시킨 농부 / 제자의 제자 되기를 청한 스승 / 신하들의 충언을 받아들이다

4부
뒤집기의 지혜
유연하게 생각하고 다른 것을 받아들이기

1 역지사지　　　　　　　　　　　　　　　　　　　　• 203
물이 담긴 양동이 세 개 / 말을 사랑하려면 말의 방식으로 사랑해야 한다 / 공자의 뉘우침 / 말을 되돌려 받아온 제자 / 선비와 뱃사공 / 환경이 지배할 때도 있다 / 내가 싫어하는 것을 상대에게 권하지 않는다

2 부드럽게 생각하기　　　　　　　　　　　　　　　　• 213
노스님의 두 가지 문제 / 세찬 강물을 건너는 법 / 돌은 무거워도 생각은 유연하게 / 생각의 힘

3 거꾸로 생각하기　　　　　　　　　　　　　　　　　• 219
뒤집어 생각하면 기회가 될 수 있다 / 토끼들의 회의 / 장점을 생각한다 / 장애의 모습으로 나타나는 기회 / 질책 대신 미소를 짓다 / 높임을 받으려면 먼저 낮아져야 한다 / 나 같은 이를 잘 거느릴 수 있습니다

4 불가능한 이유보다 가능한 방법 찾기 • 231
   499번의 실패보다 하나의 성공한 작전을 참조하라 / 떨어지지 않은 사과 / 불가능하다고 말하는 자료를 참조할 필요는 없다 / 얼음 렌즈로 불을 피우다 / 관점에 따라… / 작은 열쇠가 큰 문을 연다

5 다른 것 받아들이기 • 240
   긴장감을 더해 생존력을 높이다 / 다른 사람들의 경험과 식견을 잘 활용하라 / 이미 있는 기술을 결합하여 새로운 것을 창조하다

6 고정관념 벗어나기 • 245
   콜럼버스의 달걀 / 공주의 교만 / 시각을 바꾸면 다른 것이 보인다 / 부분만 보고 전체인 듯 판단하는 오류 벗어나기

7 상상력 더하기 • 252
   Moonshot Thinking / 현재를 넘어 내일을 상상하라

| 1부 |

더하기의 지혜
지키고, 늘리며, 가치 더하기

집안이 나쁘다고 탓하지 말라. 나는 아홉 살 때 아버지를 잃고 마을에서 쫓겨났다. 가난하다고 말하지 말라. 나는 들쥐를 잡아먹으며 연명했다. 배운 게 없다고, 힘이 없다고 탓하지 말라. 나는 내 이름도 쓸 줄 몰랐으나 남의 말에 귀 기울이면서 현명해지는 법을 배웠다. 너무 막막하다고, 그래서 포기해야겠다고 말하지 말라. 나는 목에 칼을 쓰고도 탈출했고, 뺨에 화살을 맞고 죽었다 살아나기도 했다. 적은 밖에 있는 것이 아니라 내 안에 있었다. 나를 극복하는 그 순간, 나는 칭기즈 칸이 되었다.

99도의 물을 100도로 올려 끓게 하려면
상당한 에너지가 필요하다는 것을
우리는 알고 있다.

양적 변화가 질적 변화를 가져오기 위해서는
임계수준을 뛰어넘는 끼와 깡, 땀이 필요하다.

01

상황판단과 결단력, 용기

임금님이 가르쳐준
성공의 세 가지 비결

임금님을 찾아간 청년

한 과일 가게 청년이 임금님을 찾아가 은수저를 물고 태어나지도 않고, 그렇다고 특별한 재능도 없는 자신 같은 사람이 인생에서 성공할 수 있는 비결을 알려달라고 간청했다. 임금님은 말없이 큰 잔에 포도주를 가득 따르더니 말했다.

"지금부터 이 포도주 잔을 들고 시장을 한 바퀴 돌아오도록 해라. 그런데 만약 시장을 도는 동안 포도주를 한 방울이라도 흘리면 네 뒤를 따라가는 병사가 당장 목을 칠 것이다. 네가 무사히 이곳에 다시 도착하면 성공의 비결을 알려주겠다."

청년은 포도주 잔에 가득 담긴 포도주를 한 방울이라도 흘리지 않기 위해 식은땀을 흘리며 시장을 한 바퀴 돌았다.

무사히 왕 앞에 다시 앉은 청년에게 왕이 물었다.

"시장에서 네가 보고 듣고 발견한 것은 무엇이냐?"

"포도주를 한 방울이라도 흘리지 않으려 애쓰느라 다른 것은 전혀 보지도 듣지도 못했습니다."

"그렇다. 그것이 인생의 첫 번째 성공비결이다. 포도주를 한 방울도 흘리지 않은 것처럼 네가 가진 것을 소중히 여기고 네가 세운 목표에 집중하며 한발 한발 성실히 열심히 살도록 하여라."

"잘 알겠습니다, 임금님. 그런데 저는 정말 한눈 팔지 않고 성실히 과일을 팔고 있으나 그래도 성공은 멀리 있는 것 같습니다."

왕이 다시 말했다.

"포도주를 흘리지 않으면서도 시장에서 무슨 일이 벌어지고 있는지 잘 보고 들을 수 있어야 한다. 봄이 왔는지 모르는 사람에게는 봄이 찾아오지 않는다. 보고 들은 세상의 변화 속에서 네가 어떤 과일을 어떻게 파는 것이 더 나은지 깨달아야 할 것이다. 기회는 스스로 찾아야 한다. 더욱 현명한 사람은 기회를 스스로 만들어낸다. 그것이 두 번째 성공 비결이다."

"잘 알겠습니다, 임금님. 그러나 포도주를 한 방울이라도 흘리면 목을 치려는 병사가 뒤를 따르는데 어찌 다른 것을 볼 겨를이 있겠습니까?"

왕이 웃으며 말했다.

"그건 너의 몫이다. 행여 포도주를 흘리지 않을까 하는 두려움을 걷어낸다면 너는 더욱 성공할 수 있을 것이다. 네 발목을 잡는 두려움을 걷어내는 용기가 성공의 세 번째 비결이다."

마차를 쫓아 뛰어오게 하다

잠들려는 여인을 끌어내리다

어느 겨울날, 들판을 달려가는 마차에 아이를 안고 있는 젊은 부인이 타고 있었다. 마차가 비탈길에 접어들었을 때, 심한 눈보라가 치고 기온이 더욱 내려갔다.

견딜 수 없는 추위에 마차를 모는 마부도 부인도 얼어 죽을 것만 같았다. 목적지까지 도착하려면 아직 상당히 더 달려가야 했는데 부인이 졸기 시작했다. 그대로 잠에 빠지면 추위 속에 죽을 수도 있다는 생각이 마부의 머리를 스쳐갔다.

마부는 갑자기 큰소리를 내면서 잠에 빠지려는 부인을 깨워 마차에서 끌어내렸다. 그러더니 마차에서 내린 부인을 그냥 둔 채 말을 채찍질하여 아이만을 태우고 달렸다. 놀란 부인이 죽을힘을 다해 소리치며 마차를 쫓아왔다. "아이를 내려주고 가세요!"

부인이 3km쯤 마차를 뒤쫓아 달려왔을 때 마부는 마차를 멈춰 세웠다. 그리고 부인의 손을 잡아 마차에 태웠다.

마부가 부인을 내리게 하는 결단을 내리지 않았더라면 부인은 추위 속에 잠에 빠져 죽을 수도 있었다. 어떤 결정 하나로 모든 것이 달라지는 상황에서의 결단은 매우 어려운 것이며 커다란 용기를 필요로 한다. 그러나 상황판단을 냉정히 하여 지체 없이 행동하는 것이 필요할 때는 과감한 결단을 내릴 필요가 있다.

명확한 상황판단과 결단력이야말로 위기를 벗어나고 기회를 잡기 위해 필요한 지혜다.

매듭을 푼
이야기 셋

고르디우스의 매듭을 푼 알렉산더

알렉산더가 지금의 이란 땅인 페르시아를 원정 중 프리기아의 수도 고르디움의 광장에 복잡하고 단단하게 묶여진 매듭이 있다는 말을 들었다. 이 매듭에는 "이 매듭을 푸는 자 세계의 왕이 될 것이다"라는 전설이 담겨 있는데, 많은 사람들이 풀려고 도전했으나 아직 아무도 풀지 못했다고 한다. 알렉산더는 단칼에 그 매듭을 절단함으로써 문제를 풀었다. 그 후 "고르디우스의 매듭을 풀었다"는 말은 "어려운 문제를 해결했다"는 의미로 사용되었다.

고환의 실 뭉치

중국 남북조시대, 북제를 창업한 고환(高歡)이 아들들을 시험했다. 아들 모두에게 헝클어진 실타래 한 뭉치씩을 주고 빨리 정리하라고 했다. 다른 아들들은 한 가닥씩 실을 뽑아가며 정리했으나 고양(高洋)만은 날카로운 칼을 가져와 "어지러운 것은 잘라버려야 합니다(亂者必斬)"라고 말한 후 실 뭉치를 한 번에 잘라버렸다. 그리고 가장 먼저 정리했다.

오늘날의 쓰임새와는 달리, 과거에는 통치자가 백성들을 참혹하게 다스리는 것을 가리키는 말이었지만, "복잡한 문제를 명쾌하게 처리한다"는 의미의 쾌도난마(快刀亂麻)라는 고사가 여기에서 생겨났다.

카네기의 매듭

데일 카네기가 신입사원 지원자들 앞에 끈으로 복잡하게 묶은 상자를 내놓았다. "자, 이제 포장된 상자의 끈을 푸세요."

대부분의 지원자들은 면접관 앞에서 한 매듭 한 매듭 정성껏 끈을 풀어나갔다. 그런데 한 사람이 칼로 단번에 끈을 잘라냈다. 카네기는 그를 채용했다.

이겨낸다면
모든 상처는 훈장이 된다

독수리의 상처들

큰 독수리가 날개를 펴 보여주며 말했다.

"내 몸의 상처들을 봐라. 이건 나무에 찢긴 상처고 이건 호랑이 발톱에 긁힌 자국, 이건 다른 독수리가 할퀸 것이고, 이건 바위 모서리에 찢긴 것이다. 큰 새 치고 상처 없는 새가 어디 있겠나? 상처를 이겨내야 더 강해지고 높이 날 수 있다."

누구나 햇볕을 좋아하지만, 계속 햇볕만 쏟아지면 사막이 된다. 계속 비만 와도 그 땅은 오히려 죽음의 땅이 된다. 인생이 항상 고난 속에 있어도 곤란하지만 항상 햇볕만 들어도 인간적 성장을 이루지 못한다. 고난은 삶을 더욱 발전시키고 성장시키는 동력이 될 수 있다. 온실 속에서 자란 식물보다 자연 속에서 비바람을 맞고 자란 식물의 힘이 강하고 더 가치 있다.

"상처(Scar)를 별(Star)로 만들라"는 서양 속담이 있다. 그림자와 상처 없는 사람은 없다. 과거로부터 자유로울 수 있는 영혼도 없다. 누구나 지울 수 있다면 지우고 싶은 상처가 있다. 그러나 어려움을 이겨낸 사람들에게 그 상처는 훈장이 된다. 조개가 상처와 씨름하는 과정에서 진주는 만들어진다.

모든 과거와 상처가 훈장이 되도록 하려면 시행착오를 겪더라도 좌절하거나 포기하지 않고 다시 일어서는 용기가 필요하다. "돈을 잃으면 적게 잃는 것이고, 신용을 잃으면 많이 잃는 것이며, 용기를 잃으면 모든 것을 잃는 것이다"라는 말이 있다.

칭기즈 칸의 편지

다음은 '칭기즈 칸의 편지'라고 알려진 글로서, 어렵고 절박한 상황이 와도 용기를 잃지 않고 최선을 다한다면 뜻을 이룰 수 있을 것이라는 메시지를 전해준다.

> 집안이 나쁘다고 탓하지 말라.
> 나는 아홉 살 때 아버지를 잃고 마을에서 쫓겨났다.
> 가난하다고 말하지 말라. 나는 들쥐를 잡아먹으며 연명했다.
> 배운 게 없다고, 힘이 없다고 탓하지 말라.
> 나는 내 이름도 쓸 줄 몰랐으나 남의 말에 귀 기울이면서
> 현명해지는 법을 배웠다.
> 너무 막막하다고, 그래서 포기해야겠다고 말하지 말라.
> 나는 목에 칼을 쓰고도 탈출했고,
> 뺨에 화살을 맞고 죽었다 살아나기도 했다.
> 적은 밖에 있는 것이 아니라 내 안에 있었다.
> 나를 극복하는 그 순간, 나는 칭기즈 칸이 되었다.

02

신뢰

소중하지 않은
약속은 없다

미녀의 목과 선비들의 신뢰

중국 춘추전국시대 조(趙)나라 재상 평원군(平原君)은 훌륭한 덕을 갖추었다는 소문이 널리 퍼져 천하의 선비들이 찾아와 식객으로 지냈다.

어느 날 저녁 평원군의 방으로 절름발이 선비가 찾아왔다. 그는 자신이 마당을 절뚝거리며 지날 때 한 미녀(美女)가 걷는 모습을 흉내 내고 깔깔거렸다며 "천하의 선비들이 재상을 찾아오는 것은 재상께서 선비를 아끼고 미녀를 천하게 여기기 때문이니 나를 비웃은 미녀의 목을 베어버려 주십시오"라고 청했다.

평원군은 웃으며 내일 그렇게 하겠노라고 했다. 그러나 평원군은 그 선비와의 약속을 지키지 않았다. 절름발이 선비를 보고 한번 웃었다는 죄로 자신이 아끼는 미녀를 죽일 수는 없었던 것이다.

몇 달 후 평원군을 모시러 왔던 선비 식객들 중에서 절반이 떠나가 버렸다.

평원군은 "내가 선비들을 대함에 소홀함이 없었는데 그들이 도대체 무엇 때문에 나를 떠나는가?" 하고 섭섭해 하며 물었다. 식객 중 한 명이 답했다. "재상께서 미녀를 아껴 선비와의 약속을 지키지 않으니 실망하여 떠나는 것일 뿐 그들의 잘못이 아닙니다."

평원군은 미녀의 목을 자른 후 자신이 직접 절름발이 선비를 찾아가 사과했다. 그 뒤로 천하의 능력 있는 선비들이 다시 모여들었다.

신용은 그 사람의 인격이다

『중용(中庸)』에 이런 말이 있다. "윗사람으로서 아랫사람의 신뢰를 얻지 못하면 백성을 다스릴 수 없다."

'신뢰'는 시공을 초월하여 조직뿐 아니라 개인 생활 차원에서도 서로 간의 관계를 만들고 유지하고 발전시키는 데 필요한 매우 소중한 덕목이다.

신용이 자산이라는 말은 약속을 지키고 지키지 않음이 그 사람의 인격을 말해주는 것이기 때문이다. 지키지 못할 약속은 남발하지 말아야 하며 한번 한 약속은 지켜야 한다. 지켜야 할 비밀을 쉽게 공개하거나 아무리 사소한 것이라 하더라도 쉽게 약속을 파기하는 사람은 결코 신용을 얻을 수 없다.

『중용』은 조금 더 이야기한다. "그런데 사람들의 신뢰를 얻기 위해서는 먼저 친구들의 신뢰를 얻어야 하며, 친구들의 신뢰를 얻으려면 자기 부모에게 효도하여야 한다. 부모에게 효를 다하려면 스스로 정성을 다하고 있는지 반성하여야 한다." 결국 사람의 됨됨이를 알 수 있는 것들은 모두 하나로 연결되어 있으며, 가장 쉽게 사람의 됨됨이를 알 수 있는 표식은 약속을 지키는지 여부일 것이다.

큰 약속, 작은 약속

목숨을 걸고 지킨 큰 약속

1789년 프랑스 시민혁명이 일어났다. 혁명군은 바스티유 감옥을 습격해 무기를 확보한 뒤 국왕 루이 16세가 살고 있는 베르사유 궁을 향해 폭우를 뚫고 전진했다. 프랑스 군인으로 구성된 정규 궁전 수비대는 혁명군이 대포까지 탈취하여 진군해오고 있다는 소문을 듣자 모두 도망갔다. 그러나 튈르리 궁을 지키던 스위스 용병 근위대 786명은 왕과 왕비를 위해 끝까지 싸우다 장렬한 최후를 맞았다.

시민혁명군은 용병 수비대에게 싸움을 포기하면 조용히 퇴각할 수 있는 기회를 주겠다고 제안했다. 그러나 스위스 용병들은 자신들에게 맡겨진 임무의 계약 기간이 아직 끝나지 않았다며 그 제의를 정중히 거절했다. 전투에서 사망한 용병의 품에서 발견된 편지에는 "우리가 신용을 잃으면 후손들은 영원히 용병계약을 할 수 없을 것이다. 우리는 죽을 때까지 계약을 지키기로 했다"라고 쓰여 있었다. 스위스 용병이 로마 교황의 경비를 맡는 전통이 이어지는 데는 이러한 배경이 있다. 스위스 중부의 휴양도시 루체른에는 이들의 용맹과 희생, 신의를 기리는 조각이 서 있다. 화살에 맞아 죽어가는 사자의 모습이다.

용병들이 목숨을 거는 대가로 받은 돈을 송금받은 스위스 은행들도 용병들의 자산을 철저히 지켜주었다. 그 결과 스위스 은행은 안전과 신용의 본보기가 되었다.

소녀와의 작은 약속을 지킨 총리 할아버지

17세기 영국 빅토리아 여왕 당시, 내각 총리 팔머스틴은 어느 날 아침 출근을 위해 다리 위를 걸어가다가 앞에 가던 소녀가 우유병을 실수로 떨어뜨리는 것을 보았다. 팔머스틴은 깨진 우유병을 보며 우는 소녀를 달래고는 눈물을 닦아주었다. 그리고 양복 호주머니를 뒤져 돈을 찾았지만 돈이 없자 소녀에게 내일 이 시간에 여기에서 기다리면 새 우유와 우유 값을 주겠노라 약속했다.

이튿날 아침 장관들과 회의를 진행하던 팔머스틴은 어제 아침 소녀와 약속했던 일이 생각났다. 총리는 의아해 하는 장관들을 회의실에 남겨둔 채 급히 다리로 달려가 기다리고 있던 소녀에게 새 우유와 돈을 꼭 쥐어주고 다시 회의장으로 달려왔다. 그는 아무 일 없었다는 듯 회의를 계속했다.

후에 어떤 사람이 팔머스틴에게 "소녀에게 우유 값을 주기 위해 중요한 회의를 중단한 행동이 과연 옳은 일이었는가?" 하고 물었다. 팔머스틴은 이렇게 답했다. "한 나라의 정치를 맡은 사람이 작은 약속을 지키지 못한다면 큰 약속은 할 수도 없을 것 아닌가? 우유 값은 작은 것이지만 약속은 귀중한 것이다."

신용은 작은 것에서 얻고, 반대로 작은 것에서 잃을 수 있다. 신뢰는 크건 작건 약속을 지키고자 하는 마음과 실천을 통해 지켜지고 가꾸어진다.

03

비전과 목표, 희망

표류가 아닌
항해를 하려면

차가운 바다에서 버텨낸 이야기

대서양에서 커다란 유람선이 조난당했다. 한 청년 승객이 구명정을 타기 위해 바다로 뛰어내리려다 갑판 구석에서 바다로 뛰어들기를 주저하며 떨고 있는 아가씨를 보았다.

청년은 기울어지는 갑판 위에서 비틀거리면서도 아가씨에게 다가갔다. 그리고 웃으며 말했다. "아가씨, 우리가 살아난다면 스톡홀름에서 함께 멋진 저녁식사를 합시다." 아가씨는 급박한 순간에도 환하게 웃으며 데이트 신청을 하는 청년의 눈을 바라본 후 자신감이 생겼다. 그녀는 "그렇게 해요"라고 외치며 바다로 뛰어들었다. 간신히 구명정에 올라탄 그녀는 잠시 후 주변을 둘러보다가 구명정에 올라타지 못한 채 힘들게 버티고 있는 사람을 발견하고는 구명정 위로 끌어올렸다.

그녀가 끌어올린 사람은 자신에게 힘을 준 청년이었다. 구명정에서 다시 만난 두 사람은 차가운 바다에서 스톡홀름에서의 근사한 저녁 식사를 함께하는 희망을 이야기하며 구조선에 의해 구출될 때까지의 시간을 버텨냈다. 그들은 구조되었고 스톡홀름 최고의 식당에서 함께 멋진 식사를 했다.

꿈과 목표는 삶의 에너지다

우리는 인생을 여행에 비유한다. 어떤 여행이든 그것이 성공적으로 이루어지기 위해서는 내가 어디로 가서 무엇을 얻고자 하는지 여행의 목적지가 분명해야 한다. 정처 없이 떠돌아다니는 것은 여행이 아니라 방황이다. 자신이 지금 있는 곳도 모르거나 목적지도 모른 채 살다 보면 어딘지도 모를 낯선 곳에서 방황하고 후회할지도 모른다.

어떤 비전과 목표를 실현할 것인지 뚜렷한 확신이 없다면 조금만 힘든 일이 있어도 쉽게 포기하게 된다. 가슴 속에 소중한 꿈과 목표를 품고 있다면 그것을 이루기 위해 어떤 역경과 한계도 넘어설 수 있는 에너지가 만들어진다.

희망은
포기하지 않는 것

우물에 빠진 당나귀

당나귀가 빈 우물에 빠졌다. 농부는 슬프게 울부짖는 당나귀를 구할 도리가 없었다. 당나귀도 늙었고 쓸모없는 우물도 파묻으려 했던 터라 농부는 당나귀를 단념하고 동네 사람들에게 도움을 청했다. 사람들은 삽으로 흙을 던져 넣으며 우물을 메워갔다. 흙이 떨어지자 당나귀는 더욱 울부짖었다. 사람들은 마음이 아파도 계속 흙을 던져 넣었다. 잠시 후 당나귀 울음소리가 들리지 않았다. 사람들이 궁금해 우물 속을 들여다보니 놀라운 광경이 벌어지고 있었다.

당나귀는 위에서 떨어지는 흙더미를 털어 바닥에 떨어뜨렸다. 그러자 발밑에 흙이 쌓이게 되고 당나귀는 그 흙더미를 타고 점점 높이 올라오고 있었던 것이다. 당나귀는 자기를 묻으려는 흙을 이용해 무사히 그 우물에서 빠져나올 수 있었다.

하나의 희망이 사라지면 또 다른 희망을 만든다

제2차 세계대전 중 독일군 치하의 어느 유대인 수용소에는 크리스마스까지는 독일이 연합군에 항복한다는 소문이 돌았다. 그 소문이 돌자 하루에 30명 안팎으로 발생하던 사망자 수가 5명 미만으로 크게 줄어들었고 단 한 명도 죽지 않은 날도 있었다. 그런데 크리스마스가 지나도록 전쟁이 끝나지 않자 그 수용소의 사망자 수는 하루 80명 안팎으로 급증했다. 포로들 사이에서 리더 역할을 한 어느 장교는 이 같은 사실을 눈치챈 후 주기적으로 연합군의 승리 소식을 전파하며 다른 포로들에게 희망을 잃지 않도록 유도하였다.

인간의 생명 의지에 큰 힘을 발휘하는 것은 희망이다. 『안네의 일기』를 쓴 소녀 안네 프랑크는 유대인 수용소에서 함께 생활하며 항상 희망을 심어주던 언니가 먼저 죽자 의욕을 잃고 시름시름 앓다가 죽음을 맞았다. 만약 그녀의 곁에 희망을 함께 나눌 수 있는 이가 있었다면 그녀의 생명의지는 계속 지켜졌을 것이다.

항상 희망을 지니고, 하나의 희망이 사라지더라도 새로운 희망을 지니는 것은 지혜로운 삶을 사는 것이다. 희망은 도망가지 않는다. 도망가는 것은 언제나 사람이다.

04

성실함과 주인의식

후계자로
지목된 사람

성실은 크고 작은 기적을 만드는 첫 번째 조건이다

강철 왕 카네기가 은퇴할 무렵 누가 그의 후계자가 될 것인지 모두 궁금해 했다. 드디어 카네기가 후계자를 발표하자 모두들 깜짝 놀랐다. 카네기가 발표한 인물은 중학교도 나오지 못한데다 회사에 청소부로 입사한 사람이었기 때문이다. 그 누구도 그가 후계자가 될 것이라고는 짐작하지 못했다. 심지어 후계자로 임명된 그 자신도 놀랍기는 마찬가지였다.

카네기는 그를 후계자로 선정한 이유를 말했다.

"그는 정원을 청소하라고 하면 항상 그 주변까지 자발적으로 청소를 했습니다. 비서 일을 할 때도 내가 부족함을 전혀 느끼지 못할 정도로 성실하게 수행했으며, 다른 일을 맡겼을 때도 항상 기대한 것 이상으로 일을 수행했죠. 그는 많이 알지는 못했지만 누구보다 많이 배우려고 노력하는 모습을 보여주었습니다. 좋은 대학을 나온 유능한 사람은 매년 수만 명씩 배출되지만 이런 성실성과 책임감을 가진 사람은 좀처럼 보기 드물었습니다. 항상 맡은 일에 최선을 다하는 사람이 최고의 자리에 올라야 하는 것은 당연한 일 아니겠습니까?"

즐풍목우, 치수에 성공한 우(禹)

중국 상고시대에 황하(黃河)가 홍수로 자주 범람하자 순(舜) 황제가 우(禹)에게 치수(治水)를 해줄 것을 요청했다. 우는 결혼한 지 3일 만에 의연하게 집을 떠나 일꾼들을 이끌고 둑을 쌓고 물길을 다스렸다. 그가 이 일을 하는 13년 동안 집 앞을 세 번 지나갔으나 한번도 들르지 않으며 오직 공적인 일에만 몰두하며 즐풍목우(櫛風沐雨: 바람으로 빗질하고 빗물로 목욕한다는 뜻으로, 오랫동안의 고생을 의미)의 생활을 했다. 마침내 수많은 못과 호수에 제방을 쌓아 물의 범람을 막고 하천을 정리하여 물길을 통하게 했다.

순황제가 우에게 "그대는 나랏일에 근면하고, 집안생활은 검소하니(克勤於邦, 克儉於家) 진정한 현재(賢才)다"라고 말하며 제위를 물려주었다.

지혜롭다는 것은 지금 하는 일에 최선을 다한다는 것

일을 대하는 데 있어서 가장 필요하고 중요한 자세는 성실이다. 성실은 자신에게 주어진 책임, 해야 할 일을 최선을 다해 수행하는 것이다. 아무리 작은 일이라도 주어진 일에 최선을 다하는 모습을 보일 때 믿음을 얻을 수 있으며 그 믿음을 바탕으로 더 큰일을 할 수 있는 기회가 주어진다.

성실함에 대한 보답

황 서방의 가죽신

어느 고을에 가죽신을 만드는 고 서방과 황 서방이 살고 있었다. 고 서방은 신발의 질이 좀 떨어져도 그냥 내다 팔았으나 황 서방은 질이 떨어지는 신발은 결코 팔지 않고 제품이 마음에 들 때까지 온 정성을 다해 만들었다. 그러다 보니 고 서방의 가죽신 만드는 실력은 황 서방에 비해 떨어졌으나 수입은 고 서방이 많았다.

 어느 날 고을 사또가 두 사람에게 임금님께 진상할 가죽신을 한 켤레씩 만들어 올리라고 명령했다. 이를 계기로 두 사람의 사정은 완전히 달라졌다. 임금님은 한눈에 황 서방이 만들어 바친 가죽신을 높이 평가했고, 황 서방은 해마다 여러 켤레를 만들어 보내게 되었다. 황 서방이 임금님의 가죽신을 만들어 올린다는 소문은 금방 온 나라에 퍼져 전국에서 주문이 쏟아져 들어왔다. 황 서방은 여러 명의 제자를 두게 되었고 당연히 큰 부자가 되었다.

주인의 마지막 부탁

한 해의 마지막 날 저녁, 주인이 두 일꾼의 방에 들러 말했다.

"자네들은 내일부터 자유의 몸이 되네. 마지막으로 한 가지 부탁이 있는데 여기에 있는 짚으로 오늘 밤 새끼줄을 많이 꼬아주게."

주인이 이렇게 말하며 가지고 온 짚을 두고 나갔다. 한 일꾼이 못마땅하다는 목소리로 불평했다.

"참 지독한 주인이군. 마지막 날 밤까지도 부려먹으려 하니 말이야." 그 일꾼은 성의 없이 엉성하게 새끼줄을 꼬았다.

다른 일꾼이 그를 타이르며 말했다.

"그렇게 불평만 하지 말게. 우리 주인은 참 좋은 분일세. 우리가 떠나면 새끼줄을 꼬아줄 사람도 없을 테니 힘을 내어 만들어주세." 그는 단단히 새끼줄을 꼬아나갔다.

다음날 주인이 두 사람에게 "그동안 자네들이 열심히 일해준 덕분에 내 재산이 많이 늘어나 정말 고마운 마음이네. 그래서 내가 자네들에게 보답하기 위해 어젯밤 자네들이 꼰 새끼줄로 광에 있는 엽전을 마음껏 꿰어 가져가도록 허락하겠네"라고 말했다.

단단히 새끼줄을 꼰 일꾼은 많은 엽전을 꿰어 가져갈 수 있었으나, 성의 없이 일한 일꾼은 엉성한 새끼줄 사이에 엽전이 꿰어지지 않아 빈손으로 돌아가야 했다.

이태백의
10년 공부

――

도끼로 어느 세월에 바늘을 만들겠소?

시성(詩聖)이라 추앙받는 중국 당나라 때 시인 이태백이 젊은 시절 산에 들어가 10년 동안 공부를 하기로 마음먹었다. 산에 들어간 이태백은 불철주야 열심히 공부했다. 그렇게 5년의 시간이 흐르자 어느 정도 학문의 궁리를 터득하게 되었고 6년이 지났을 때는 스스로 이제 그만 하산해도 되겠다는 자신감이 생겼다. 그래서 10년을 다 채우지 않고 6년 만에 짐을 싸 산을 내려오게 되었다. 그런데 산을 내려오던 중 소나무가 울창한 골짜기 언덕에서 쇠도끼를 큰 바위에 갈고 있는 노파를 만났다.

이상하게 생각한 이태백이 노파에게 다가가 무슨 일을 하고 계시는지 여쭈었다.

"바늘을 만들고 있소." 노파의 대답이었다.

이태백이 "도끼로 어떻게 바늘을 만들 수 있다는 말씀입니까?" 하고 큰소리로 웃었다.

노파는 이태백을 쳐다보며 꾸짖었다.

"젊은이, 나를 비웃지 마시게. 도중에 그만두지 않고 10년을 계속 간다면 이 도끼로 바늘을 만들 수 있소."

이태백은 노파의 말에 깨달음을 얻어 자신이 오만했음을 반성하고 다시 산속으로 들어가 나머지 4년을 더 공부했고, 그의 이름과 시가 지금까지 전해지는 실력을 닦을 수 있었다.

기회는 멈추지 않고 노력한 사람에게 주어지는 포상이다

이태백의 마부작침(磨斧作針)이라는 고사의 내용이다. 도끼를 갈아서 바늘을 만든다는 뜻으로, 한 삽 한 삽 흙을 퍼 나르면 산도 옮긴다는 우공이산(愚公移山)이나 물방울이 오래 떨어져 바위를 뚫는다는 수적석천(水滴石穿)과 같은 의미로 아무리 어려운 일이라도 인내와 끈기로 성실함을 잃지 않고 계속하면 마침내 뜻을 이룰 수 있다는 메시지를 전한다.

주인을 대신할 사람은 주인밖에 없다

주인이 없는 산의 모습

스님이 언덕에 올라 바라보니 그 풍광이 매우 좋았다. 추수를 끝낸 들판은 새 떼들이 무리지어 앉았다 날았다 하고 가까운 마을 어귀에서는 햅쌀로 빚은 술 익는 냄새가 솔솔 풍겨오는 듯했다. 어깨동무하듯 서 있는 야트막한 산들도 알맞게 푸른빛을 띠고 있었다. 그러다 스님의 눈길이 멈추었다. 낮은 산 하나가 주변의 여느 산들과는 달리 허옇게 빛바랜 모습이었다. 스님은 이상하다는 생각을 하며 언덕길을 올라오는 마을 사람에게 그 이유를 물었다. 마을 사람이 답했다.

"아, 저 산은 몇 년 전 주인이 죽은 후 아무도 돌보지 않았습니다. 그러다 보니 오랫동안 먼 마을 사람들도 나무를 캐어가고 아무나 자기 마음대로 밭을 일구고 하다 보니 그만 저런 모습이 되었습니다."

주인이 없는 물건은 아무나 함부로 다룬다. 주인이 없는 논밭은 황폐되고, 주인 없는 나무는 그냥 베어진다. 주인 없는 회사, 학교, 조직은 부실해지고 주인 없는 나라는 멸망한다.

주인이 없으면 무엇 하나 제대로 보살펴지지 않으며, 대충대충 마무리된다. 주인이 없으면 관리되지 않고 낭비되며, 발전의 계획이 세워지지 않는다. 주인이 없으면 아무도 책임지지 않는다.

"엄마를 대신할 사람은 엄마밖에 없고, 아빠를 대신할 사람은 아빠밖에 없다"는 말은 제대로 된 주인역할을 기대하는 말이다.

주인으로서의 역할

우리는 삶을 살아가며 몇 가지 주인 역할을 해야 한다.

자기 인생의 주인이 되어야 하며, 가정과 가족의 주인이어야 한다. 회사와 조직의 주인으로서 책임을 다해야 하며 사회와 역사의 주인 역할을 하여야 한다.

주인으로서 주인답지 못하면 주인이 아니다. 주인답지 못한 주인보다 주인의식을 지니고 주인의 역할을 한다면 그가 주인이다. 주인은 자기가 주인인 곳을 위해 때로는 자기희생도 불사하는 책임을 져야 한다. 권리만 주장하고 역할과 책임에 대해서는 나 몰라라 하는 것은 손님이다. 손님은 역할과 책임을 말로만 하면서 대접받을 수 있다. 그러나 주인은 손님처럼 대접받으려고만 할 수 없다. 주인으로서 해야 할 역할을 어떻게 하면 잘할지를 항상 생각하고 실천해야 한다.

05

열정과 실행력

타오르는 열정을
아낌없이 쏟아붓다

야간 음악교실에 찾아온 청년

러시아의 뛰어난 음악가 안톤 루빈슈타인이 가르치는 음악교실에 겉모습은 초라하지만 눈빛이 살아 있는 청년이 찾아왔다.

청년은 어릴 때부터 음악적 재능을 보였지만 부모로부터 지원을 받을 수가 없었다. 법률학교를 졸업한 청년은 아버지의 뜻에 따라 관청에서 근무했지만 음악에 대한 열정을 버릴 수 없어서 루빈슈타인이 지도하는 음악교실 야간반에 입학하기 위해 찾아온 것이었다.

루빈슈타인은 청년을 테스트하기 위해 과제를 내주었다. "다음 주까지 쓸 수 있는 만큼 변주곡을 써오게!" 변주곡이란 어떤 주제를 정하고, 그것을 여러 가지로 변형하는 음악적 기법이다.

　루빈슈타인은 청년이 기껏 3~4곡 정도의 변주곡을 써올 것으로 생각했지만 그는 엄청난 양의 변주곡을 만들어 와서는 말했다. "제게 떠오르는 아름다운 선율을 그대로 놓아둔 채 나태한 시간을 보낼 수는 없었습니다."

　루빈슈타인은 청년에게 "그런 열정을 계속 간직한다면 반드시 훌륭한 음악가가 될 것이네"라고 격려했다. 청년은 그 후 누구보다 열정적으로 자신의 음악적 재능을 갈고 닦았다. 그 청년이 바로 '백조의 호수', '비창' 등 불후의 명곡을 남긴 차이코프스키다.

이상과 열정이 젊음이다
유대교 랍비이자 시인인 사무엘 울만은 '청춘(Youth)'이라는 시에서 "청춘은 인생의 어떤 기간이 아니라 마음의 상태를 말한다(Youth is not a time of life, it is a state of mind). 그것은 두려움을 물리치는 용기이며, 안이함을 벗어던지는 모험심을 말하는 것"이라고 읊었다.

　이 시를 썼을 때 그의 나이는 78세. 육체적 연령보다도 더 중요한 것이 정신적인 젊음이다. 이상과 열정을 잃어버릴 때 사람은 늙기 시작한다.

　테너 가수 플라시도 도밍고는 이제 쉴 때가 되지 않았느냐는 질문에 "쉬면 늙는다(If I rest, I rust.)"라고 답했다. 건강하게 노년을 지내는 많은 사람들은 "마음에 열정이 있으면 몸도 청춘이 된다"고 말한다.

　울만의 말대로 '머리를 높이 쳐들고 희망의 물결을 잡는' 한 여든이라도 사람은 청춘으로 살아갈 수 있다.

생사는 사람의 마음대로 할 수 없지만 열정을 지니는 것은 각자의 의지에 따라 가능할 것이다.

"시작은 괜찮은 것 같은데…"

위용 있는 일갈, 그런데…

송(宋)나라 시절 용흥사라는 절에 진존숙(陳尊宿)이라는 고명하신 스님이 있었다.

그는 도를 깨치기 위해 여기저기 방랑하며 다른 스님들에게 배움을 청했다. 어느 날 한 스님을 만나 배움을 청하자 갑자기 상대방 스님이 "할!" 하고 큰소리를 뱉었다. "할!" 하고 소리를 내뱉는 것은 불가(佛家)에서 상대방에게 깨우침을 주고자 할 때 주로 사용하는 것이다.

진존숙이 상대방 스님에게 '한번 깨우침을 받았소' 하는 표정을 짓자 상대방은 한 번 더 "할!" 하고 큰소리를 질렀다. 그제야 진존숙이 상대방 스님을 찬찬히 바라보니 그럭저럭 수양을 쌓은 듯해보이기는 했으나 제대로 도를 깨우친 것 같지는 않았다.

진존숙은 '이 중이 그럴 듯하게는 보이지만 그저 용의 머리에 뱀의 꼬리(龍頭蛇尾)가 아닐까?' 하는 생각이 들었다. 그래서 표정을 엄숙히

하며 물어보았다. "스님의 호령하는 위세는 좋지만, 소리를 외친 후에는 무엇으로 마무리를 지을 것인지요?"

진존숙의 질문을 받은 상대방 스님의 눈빛이 흔들렸다. 그는 난처해 하며 아무런 답변을 못하고 뱀이 꼬리를 감추고 사라지듯 슬그머니 자리를 피했다.

시종여일(始終如一)

공자는 "군자는 말에 앞서 먼저 행하고, 행한 후라야 말하느니라"라며 실행 없이 말만 앞세우는 것을 경계했다. 뜻은 잘 세우고 시작은 거창하게 했으나 그대로 밀고 나가지 못하는 경우가 많다. 흔히 과감한 사람들은 시작은 잘하나 끝을 맺지 못하고, 우유부단하거나 소심한 사람은 시작부터 두려워하는 경우가 많다. 시작부터 끝까지 잘하는 사람을 만나기는 쉽지 않다.

『채근담(菜根談)』에서는 "기분 좋다 하여 일을 많이 만들지 말고, 귀찮다 하여 일의 마무리를 소홀하게 하지 말라"고 가르친다. 또 『중용』에서는 "어떤 일이든지 사전에 충분한 준비가 있으면 성공한다. 행위가 있기 전에 준비를 갖추면 뒤에 후회가 없다"고 말한다. 일을 완수하기 위해서는 처음부터 마무리까지 용의주도(用意周到)함이 필요함을 지적한 것이다.

어머님의
가르침

맹자 어머니의 단기지교

맹자가 집을 떠나 유학을 하게 된 지 얼마 지나지 않아 집으로 돌아왔다. 맹자의 어머니는 마침 베틀에 앉아 베를 짜다가 돌아온 아들에게 물었다. "공부는 다 마치고 돌아왔느냐?"

"어머님이 잠시 뵙고 싶어 다니러 왔습니다."

맹자의 어머니는 가위를 들어 짜고 있던 베를 잘랐다. 맹자는 어머니의 행동에 깜짝 놀랐다. 맹자의 어머니는 맹자를 보며 말했다. "네가 공부를 도중에 그만둔다면 내가 짜던 베를 다 마치지 못하고 끊어버리는 것과 다를 것이 없다."

일을 중도에 포기하는 것은 짜던 베의 날을 끊는 것과 같아 아무런 이익이 없다(斷機之敎). 가다가 멈추면 아니 감만 못하다는 말도 있다. 일을 하다 보면 많은 어려움에 부딪치고, 싫증을 느낄 때도 있다. 그러나 가야 할 길, 가면 옳은 길은 끝까지 가야 한다.

보물은 파다가 멈춘 1미터 바로 앞에 있다

성공을 위해서는 재능과 함께 필요한 행동을 지속적으로 실천하는 것이 필요하다. 결심하는 사람들은 많지만 이를 실천에 옮기는 사람은 그보다 적다. 또 실천을 지속하는 사람은 더욱 적다.

많은 선생님들은 "공부는 머리로 하는 것이 아니라 엉덩이로 하는 것이다"라고 말한다. 인내와 끈기는 실천력의 핵심이다. "인내는 위대한 일을 성취시키는 힘이며 낙원의 문을 여는 열쇠요, 모든 고통의 치료약이다"라는 터키 속담이 있다.

실행되지 않은 꿈은 '만들다 만 숯'이 된다. 실행된 꿈은 다이아몬드가 된다. 숯과 다이아몬드의 원소는 똑같은 탄소다.

더 좋은 성과를 내기 위해선 '이만큼 했으면 됐다'라고 생각하는 곳에서 더 노력해야 하며, 할 만큼 했다고 생각하는 곳에서 더 할 수 있어야 한다. 그것이 '사람으로서 할 도리를 다한 후 나머지는 하늘의 뜻에 맡기는' 진인사대천명(盡人事待天命)의 자세다.

붓을 던지고
군화를 신다

호랑이를 잡으려면 호랑이 굴로

중국 후한 시기, 중국과 서역의 교역이 활발히 일어나던 통로인 실크로드가 흉노에 의해 봉쇄당했다. 그뿐 아니라 흉노는 중국 국경도 자주 침략해 접경지역에 심각한 피해를 입히고 있었다.

이때 반초(班超)라는 이가 나섰다. 그는 『전한서』를 쓴 형 반고(班固)와 함께 학자 형제로 이름이 높았으나 흉노에 의해 국경이 자주 침범당한다는 말을 듣고 "어찌 사나이로 태어나 국가의 위기를 듣고 편안히 집에 앉아 글을 읽고 있겠는가?"라며 황실의 도서관장 직책을 내어놓고 무관이 된다.

그는 먼저 이웃한 서역국가인 선선국을 찾아 동맹을 맺어 흉노에 공동대응하기로 하고 병사 30여 명과 함께 길을 떠났다. 그가 선선국을 찾았을 때 선선국의 왕은 정중한 태도로 일행을 맞고 후한과 협력하여 흉노에 대적할 뜻이 있음을 내비쳤다. 그러나 다음날 흉노에서 사신들이 찾아와 협박하자 태도를 돌변하여 반초 일행을 연금시켰다.

그날 밤 반초는 부하들을 불러 모은 후 결의에 찬 표정으로 "호랑이 새끼를 잡으려면 호랑이 굴에 들어가야 한다(不入虎穴 不得虎子, 불입호혈 부득호자). 비록 우리가 소수의 병력이지만 죽음을 각오하고 흉노에서 온 사신들을 공격하라"라고 명령을 내렸다. 그리고 즉시 흉노족 사신들의 숙소를 기습 공격하여 그들을 몰살시켰다. 이제 어쩔 수 없게 된 선선국 왕은 겁에 질린 채 후한에 복속하기를 맹세했다.

선선국과의 동맹 체결 임무를 성공시킨 반초는 계속하여 서쪽 국가들과의 외교를 맺기 위한 길을 개척해나갔다. 그의 노력의 결과 실크로드는 다시 수많은 상인들의 왕래가 활발히 이루어졌다.

불입호혈, 부득호자라는 말에서는 반초의 굳은 의지와 결단이 느껴진다. 어떤 일이라도 암초에 부딪쳤을 때는 과감한 결단이 필요하다. 그리고 그 결단에 어울리는 실행이 뒷받침되어야 함은 두말할 나위도 없다.

목적과 수단을
혼동하지 않고 실천한다

재력가가 된 수도승

젊은 수도승이 숲 속에서 홀로 수행을 하고 있었다. 어느 날 멀리서 옛 스승이 찾아와 귀한 경전 한 권을 주고 갔다.

며칠이 지났을 때 수도승은 쥐들이 경전을 갉아먹는 것을 보았다. 수도승은 쥐들로부터 경전을 지키기 위해 마을로 내려가 고양이 한 마리를 구해왔다. 고양이를 기르기 시작하자 고양이에게 줄 사료가 필요했다. 그래서 고양이에게 줄 우유를 구하기 위해 다시 마을로 내려가 젖소 한 마리를 사왔다.

젖소를 기르기 시작하자 이번에는 젖소가 먹을 풀을 구해와야 했다. 그래서 목초지를 개간하기 시작했다. 목초지를 개간하고, 젖소를 기르고 고양이를 기르자니 이제는 경전 한 장도 읽을 시간을 마련할 수 없게 되었다. 그래서 자기 대신 일해줄 일꾼을 한 사람 고용했다. 며칠 지나니 그 일꾼을 감시할 사람이 필요하다는 것을 깨닫고는 동네에 내려가 한 여인과 결혼한 후, 아내에게 일꾼의 감시를 맡겼다. 한두 해가 지나자 아내는 자식들을 낳았다.

자식들은 남에게 맡기지 못하니 수도승이 직접 돌보아야 했다. 이제 경전을 쳐다볼 생각은 아예 할 수조차 없게 되었다. 그는 자식들을 위해 쉬지 않고 일했고 몇 년이 지나자 마을에서 알아주는 재력가가 되었다.

어느 날 경전을 주고 갔던 옛 스승이 다시 찾아와 깜짝 놀라며 물었다. "아니, 이게 어찌 된 일인가? 수도를 한다더니 수도에서 더 멀어지는 삶을 살고 있구나."

그는 머리를 긁적이며 답했다. "스승님이 주고 가신 책 한 권을 열심히 지키려다 보니 이렇게 되었습니다."

목적과 수단의 가치가 뒤바뀌지 않아야

수도승이 더 행복해진 것인지 어떤지 판단하는 것은 쉽지 않다. 사람마다 가치 기준이 다르기 때문이다.

우리의 삶에서도 이와 같은 일들은 자주 눈에 띈다. 순수했던 목적이 어느덧 이상한 결과를 낳고, 그 이상한 결과는 또 하나의 엉뚱한 결과를 낳고, 그러다가 결국은 처음의 목적과는 아무런 관계없는 것을 붙잡고 있는 오류를 겪는다. 잘해보려고 생각해서 한 행동이 오히려 더 잘못되게 만드는 경우도 있고, 반대로 그렇게 하면 좋지 않을 것처럼 보이던 것이 더 좋은 결과를 가져오기도 한다. 그러나 수단에 얽매여 '목적달성에서 멀어지는 실천 행동'은 결코 지혜로운 것이 아니다.

본래의 목적 달성에서 벗어나지 않는 실행을 하려면 그때그때의 당위성에 따라 쉽게 행동할 것이 아니라 그 행동이 본래의 목적달성에 반드시 필요한 것인지 아닌지 다시 생각해보아야 한다.

06

자긍심과 긍정적 사고

같은 질문,
다른 답변
———

조카의 답변과 제자의 답변

공자가 어느 날 관리로 근무하는 조카를 만나 물었다.

"네가 그 자리를 맡아 일하면서 얻은 것은 무엇이며 잃은 것은 무엇이라고 생각하느냐?"

조카는 일이 힘들다는 표정을 지으며 "얻은 것은 하나도 없으며 잃은 것만 세 가지 있을 뿐입니다. 첫째, 일이 많아 공부를 못하며, 둘째 급여가 적어 가족들을 제대로 부양하지 못하며, 셋째 일에 쫓겨 시간이 없다 보니 친구들과 어울리지 못하여 친구들을 잃고 있습니다."

그 후 공자는 조카와 같은 직위의 관리로 근무하는 제자를 만나 똑같은 질문을 던졌다. 제자의 대답이다.

"예, 잃은 것은 하나도 없사오며, 세 가지를 얻었습니다. 첫째, 책을 통해 배운 것을 직접 실행해봄으로써 하나하나 더 깨닫게 되었고, 둘째 급여를 받아 부모님과 가족을 부양할 수 있게 되었고, 셋째 근무가 끝난 후 친구들과 어울려 교분을 더욱 쌓아 우정이 두터워지고 있습니다."

어떤 시각으로 현실을 사느냐는 미래의 모습을 바꾼다

조카와 제자 두 사람은 같은 지위에서 같은 일을 하고 있었지만 이렇듯 다른 삶을 살아가고 있었던 것이다. 비관론과 낙관론, 현실 부정과 현실 긍정이라는 미묘한 차이가 힘든 인생과 기쁜 인생, 실패자와 성공자라는 상반된 결과를 낳는다.

인생은 마음먹기라는 말은 성공한 많은 사람들이 빼놓지 않고 강조하는 매우 소중한 진리다. 부정적인 상황에서도 생각의 방향을 바꿔 긍정적인 사고를 한다면 엔돌핀이라는 호르몬이 나와서 활력을 더하여 주고 어려운 일도 해내고자 하는 자신감을 증대시켜준다는 것은 과학적 실험을 통해서도 입증된 사실이다.

'덕분에…' 와
'때문에…'

어떤 시각으로 해석하느냐에 따라

경영의 신 마쓰시타 고노스케는 자신의 삶이 성공했다고 평가받을 수 있었던 단 하나의 비결은 언제나 긍정적인 태도를 잃지 않았기 때문이라고 말했다.

그는 많은 사람들이 "때문에…"라고 말하며 세상과 타인을 원망하고 핑계와 변명거리로 합리화할 수 있는 상황을 "덕분에…"로 전환시켜 긍정적으로 해석하고 최신을 다해 노력했다.

"저는 가난한 집안에 태어난 덕분에 어릴 때부터 갖가지 일을 하며 세상살이에 필요한 경험을 쌓았고, 허약했던 덕분에 운동을 시작해 건강해질 수 있었습니다. 학교를 제대로 마치지 못한 덕분에 만나는 모든 사람으로부터 열심히 듣고 배웠습니다. 전등을 켜는 것을 아끼려 한 덕분에 쌍소켓을 개발할 수 있었고, 돈이 많지 않았던 덕분에 더욱 신용을 쌓으려는 노력을 했습니다. 또 더 좋은 제품을 만들라는 많은 분들의 질책 덕분에 작은 것이라도 이룰 수 있었습니다."

'고난'이라는 포장지를 벗겨 복을 꺼내는 열쇠는 '감사'다

어떤 사람이 죽어서 천국에 갔다. 천사들이 무언가를 열심히 포장하고 있었다. 무엇을 포장하고 있느냐고 물어보니 사람들에게 줄 복(福)을 포장하고 있다고 천사들이 답했다. 복이 잘 전해지도록 단단히 포장하는데 그 포장지의 이름은 고난(苦難)이라고 했다.

많은 사람들이 고난으로 포장된 복을 받고는 무섭다고 피하거나 안에 있는 것을 열어보지 않는다고 한다. 그런데 고난이라는 포장지를 벗기고 복을 꺼내는 사람들이 있다. 그 사람들이 포장지를 벗기는 열쇠는 '감사'라고 한다.

아무리 일을 하고 싶어도 몸이 약해서 못하는 사람도 있으며, 마땅한 직장이 없어서 일을 못하는 사람도 있다.

도스토예프스키는 "인간의 불행은 자신의 행복을 모르는 데에 있다"고 했다.

내가 지니고 있는 것을 우선 아끼고 그것에 감사할 수 있는 모습은 지혜로우며, 그렇게 할 수 있다면 우리의 생활은 한결 행복할 수 있을 것이다. "때문에…"를 사용하며 주어진 현실을 한탄해보았자 이룰 수 있는 것은 거의 없다.

"덕분에…"와 "때문에…" 중 무엇을 얼마나 사용하느냐에 따라 결과는 큰 차이가 난다.

운명은 다른 사람의 입이 아니라 네가 만든다

스님을 찾아온 소년과 건달

어느 고명하신 스님께 한 소년이 울며 찾아와 말했다. "스님, 며칠 전

어떤 점쟁이가 제 손금을 보고는 아주 좋지 않은 운명을 타고났으니 가서 스님께 바꿔달라고 말씀드려라, 했습니다."

스님은 소년에게 손금을 보여달라고 말한 후 "이게 네 재산선, 이게 네 생명선, 이게 네 감정선이라는 게냐?"라고 물었다. 소년은 고개를 끄덕였다. 스님은 소년의 손을 꼭 감싸 주먹을 쥐게 한 후 다시 "그 선들이 지금 모두 어디 있느냐?"라고 물었다. 소년은 "주먹 쥔 제 손 안에 있지요"라고 답했다. 스님이 말했다. "그렇지, 네 운명은 네 손으로 네가 만드는 것이지, 점쟁이의 입으로 만들어지는 것이 아니란다."

또 어느 날 건달 한 명이 스님을 찾아와 말했다. "지금 내 손에 새 한 마리가 있는데 살아 있는지 죽어 있는지 맞춰보시오." 스님이 건달을 바라본 후 말했다. "그 새의 살고 죽음은 당신 손에 달려 있지, 내 입에 달린 것이 아니라오."

나는 결코 불구자가 아니다

프랭크 마틴은 18세 때 불의의 사고를 당해 왼쪽 손가락이 모두 잘리고 오직 엄지손가락만 남게 되어 악기를 다루기 힘들었다. 그러나 그는 하나의 왼손 엄지손가락으로 바이올린을 잡아 교향악단의 바이올리니스트가 되었다. 그는 이렇게 말했다. "나 스스로가 불구자라고 생각하기 전까지 나는 결코 불구자가 아니다."

어려움을 극복하고 재기한 사람들이 비단 프랭크 마틴만 있는 것은 아니다. 중요한 것은 이런 사람들에게서 우리가 배울 수 있는 것은 단지 불가능하다는 생각이 불가능하도록 만든다는 것이다.

긍정적 사고와 긍정적 언어가 운을 부른다

영국 총리를 지낸 마거릿 대처는 "생각이 말이 되고, 말은 습관이 되며, 습관은 인격이 된다. 인격은 사람의 운명이 된다. 우리의 운명은 우리의 생각이 만든다"라고 말했다.

공자는 "아는 사람은 좋아하는 사람만 못하고, 좋아하는 사람은 즐기는 사람만 못하다(知之者不如好之者 好之者不如樂之者)"라고 말했다.

아는 것이 모르는 것을 이기고, 노력하는 것이 아는 것을 이기며, 즐기는 것이 노력하는 것을 이긴다. 나아가 운(運) 좋은 것이 즐기는 것을 앞선다. 긍정적 사고와 말은 좋은 운을 부른다. 행운은 긍정적 사고와 말을 하는 사람을 따라다닌다. 일이 잘 풀리면 자연스럽게 일을 즐긴다.

담담하게,
당당하게

왕이 왕답게 죽다

1649년 1월 영국 왕 찰스 1세가 청교도 혁명을 일으킨 크롬웰의 의회파에 의해 처형당하던 추운 겨울날 아침의 이야기다.

찰스 1세는 간수장에게 형장에 끌려갈 때 입을 털외투를 하나 구해달라고 청했다. 간수장이 몇 시간 후면 죽을 사람이 무슨 털외투가 필요하냐며 묻자 "떨지 않고 죽기 위해서다. 몸을 떨면 내가 죽음을 무서워하는 것으로 알 것이다. 그대는 국왕인 내가 떨지 않고 죽을 수 있도록 도와다오."

간수장은 찰스 1세에게 털외투를 구해주었고, 왕은 떨지 않고 당당하게 죽어갔다. 그는 처형장에서 마지막으로 이렇게 말했다.

"나는 이제 영원히 변치 않는 나라로 간다. 이 세상의 어지러움이여, 안녕히." 후세의 사가들은 이렇게 적어놓았다. "왕이 왕다운 모습을 지키며 죽었다."

자긍심이 사랑과 존중을 부른다

조선 후기 문인 이양연 선생은 '야설(野雪)'이라는 시에서 "눈 덮인 들판 걸어갈 때 어지러이 걷지 마라. 오늘 내가 남긴 발자취는 뒷사람의 이정표(里程標)가 되리니"라고 읊으셨다. 행적 하나하나가 후대의 귀감이 될 수 있도록 무게감 있고 엄정하게 자신을 관리하라는 가르침을 얻을 수 있다.

언행을 무게감 있게 하고 스스로를 엄정하게 관리하는 것은 스스로에 대한 자긍심이 있어야 가능하다. 자긍심(self esteem, pride, self respect)이란 스스로의 가치에 대한 자부심이다.

자긍심이 높은 사람은 자기 자신과 자신의 일에 대한 긍지가 높고 자신감과 용기가 있다.

'긍정적 사고의 창시자'로 알려진 목회자 노먼 빈센트 필은 "자기 자신을 스스로 존경하지 않으면 누가 존경해줄 것인가?"라고 물으며 성공과 행복은 자신의 가치와 능력을 믿는 것에서 출발한다고 강조한다.

프랑스의 소설가 발자크는 "스스로를 사랑하기 시작하면 다른 모든 것을 변화시킬 수 있다"라고 역설했다.

유혹에 흔들리지 않으며
자기 가치를 지키다

지위, 권세, 여색의 유혹을 뿌리치다

중국 서진(西晉) 시대의 하통은 학문이 깊고 재능이 출중했지만 세속적인 명리에 초연하여 벼슬살이를 하지 않고 살았다.

어느 해 고향을 떠나 수도인 낙양에 몇 달 머물 때 태위(太尉) 가충이 그를 찾아왔다. 가충은 서진 건국에 이바지한 사람으로 그 위세가 상당했다. 가충은 하통을 자신의 수하에 둠으로써 위세를 높이고자 하는 생각을 했다.

가충은 높은 지위를 주겠다며 하통을 회유했다. 하지만 하통은 일언지하에 거절했다. 그러자 가충은 자신이 이끌고 온 병사들을 위풍당당하게 정렬시킨 후 하통에게 사열하도록 하면서 말했다.

"귀하께서 나를 위해 일해준다면 이 많은 군대를 귀하가 지휘할 수 있소." 하통은 역시 고개를 저었다.

가충은 이번에는 향기 나는 술과 음식을 잔뜩 차려놓고 젊은 무희들을 불러 관능적인 춤을 추며 유혹하도록 했다.

"어떻소? 귀하께서 내가 말하는 관직을 받아만 준다면 이 아름다운 여인들은 모두 당신 것이 될 수 있소."

하통은 눈을 감고 아무런 답도 하지 않았다. 다음날 새벽 하통은 고향으로 출발했다.

하통이 낙양을 떠났다는 이야기를 전해들은 가충은 이렇게 말했다. "지위, 권세, 여색. 이 세 가지에 유혹되지 않는 남자는 세상에 없을 것이다. 그런데 그는 결코 유혹당하지 않았으니 가히 목인석심(木人石心)이라 할 만하다."

목인석심은 '나무로 만든 사람, 돌로 만든 마음'이라는 뜻으로 어떠한 유혹과 어려움에도 마음이 흔들리지 않는 자긍심(自矜心)이 두터운 사람을 표현하는 말이다.

자긍심의 가치

『채근담』에서는 "다른 이의 재물을 탐하면 그의 종이 된다. 그의 종이 되면 그의 근심을 짊어지게 되며 종래에는 명예와 절개마저 잃고 만다. 부귀영화를 누릴 때 사람들이 나를 떠받드는 것은 권세와 지위 때문이지, 근본적으로 나 자신을 받는 것이 아니니 기뻐할 필요 없고, 비천할 때 역시 근본적으로 나 자신을 업신여기는 것도 아니니 화를 낼 필요 또한 없다"라고 말한다.

재물이 생기거나 성공했을 때 어떻게 변하느냐와 함께 곤궁에 처했을 때 어떻게 행동하느냐는 그 사람의 됨됨이를 보여준다. 명예와 재물에 대한 절개를 지키면 사람이 사람에게 애걸하지 않고 곧게 살 수 있다. 자긍심이 강한 사람의 지조는 어떤 유혹으로도 꺾이지 않는다.

07

인간관계

줄탁동시

밖에서 쪼아주는 것이야말로 무척 귀중한 도움

어느 철학자는 "인생은 고스톱과 닮았다"라고 말하며 그 이유를 '손에 들고 있는 패가 좋아도 바닥에서 안 붙어주면 좋은 점수를 얻을 수 없기 때문'이라고 설명한다. 그는 행운을 부르는 좋은 인맥은 '단순히 그냥 아는 사람'이 아니라 '다른 사람에게 내 이야기를 좋게 해주는 사람'이라고 말한다.

이 철학자는 줄탁동시(啐啄同時)라는 불가에서 유래된 사자성어를 들며 좋은 인맥의 가치를 말한다. 줄(啐)은 떠들 줄, 탁(啄)은 쫄 탁이다. 병아리가 알에서 나오려면 안에서 스스로 부리로 껍질을 쪼아야 한다. 그러면 어미 닭이 그 소리를 알아듣고 동시에 밖에서 껍질을 쪼아댄다.

불가에서는 병아리는 깨달음을 향해 앞으로 나아가는 수행자이고, 어미 닭은 수행자에게 깨우침의 방법을 일러주는 스승을 의미한다. 알을 깨고 나오는 것은 병아리 자신이지만 어미의 도움을 필요로 한다. 그 도움은 무척 귀중한 것이다. 스승의 작은 말 한마디가 큰 깨우침의 계기가 된다. 인생에서도 자신이 지닌 역량을 잘 펼치기 위해서는 어미 닭처럼 껍질을 쪼아대며 깨우침을 나누어줄 수 있는 사람이 절대적으로 필요하다.

또 어미 닭이 밖에서 껍질을 쪼아대며 도움을 줄 때 안에 있는 병아리가 최선을 다하지 않으면 세상에 나올 수 없다. 스승의 가르침을 제자가 소화해낼 수 있을 때 무언가가 이루어진다.

먼저
다가가기

———

먼저 다가가 그의 친구가 돼라
세미나를 진행하는 강사가 참석자들에게 풍선을 하나씩 분 뒤 그 풍선에 자기 이름을 쓰라고 했다. 그리고 모든 풍선을 거둬 다른 방에 집어넣고는 몇 분 뒤 참석자들을 그 방으로 보내 자기 이름을 적은 풍선을 빨리 찾아오라고 했다. 참석자들은 풍선이 가득한 방에서 자기 이름이 적힌 풍선을 찾느라 정신없이 뒤엉켰다. 한참의 시간이 흘러도 모두 자기 이름이 적힌 풍선을 찾지 못했다.

강사는 이번에는 아무 풍선이나 하나씩 집어들고 거기 적힌 이름을 불러 찾아주라고 했다. 그러자 곧 모든 사람이 자기 이름이 적힌 풍선을 찾게 되었다.

사람과 사람 사이의 벽은 교류가 끊기고 무관심해지면서 만들어진다. 조직에서도 교류가 약해질수록 구성원과 구성원, 부서와 부서 사이의 벽은 더욱 높아지고 두터워진다. 무관심은 서로에 대한 무지와 몰이해를 더해 업무 갈등이 쉽게 촉발되기도 한다.

사람을 향해 다가가는 두려움은 사람을 향해 다가가면 사라진다. 누구나 친구가 찾아와 앉아주길 기다리는 빈 의자 하나씩은 갖고 있다고 한다.

친구를 원한다면 상대가 먼저 다가오기를 기다리는 것보다 자신이 한 발 먼저 다가가 적극적으로 대화를 나눌 수 있어야 한다.

만약 적에게 먼저 다가가 그를 친구로 만들 수 있다면 그 사람은 성공을 누릴 자격이 충분한 사람이다.

황하가 깊고 넓은 이유 세 가지

황하가 깊고 넓은 이유로 세 가지를 말한다. 첫째, 모든 물길을 다 받아들이기 때문이다. 황하를 향해 흘러오는 물길은 크고 작은 것 구별 없이 다 감싸안는 것이다. 그릇이 큰 사람들은 그러한 모습을 보인다. 둘째, 더 큰 배를 띄우기 위해서다. 깊이가 얕고 좁은 물길에서는 큰 배를 띄울 수 없다. 사람이 보다 큰일을 하기 위해서는 폭과 깊이를 지니고 있어야 함은 물론일 것이다. 황하가 깊고 넓은 세 번째 이유는 더 큰 바다에 닿기 위해서라고 한다. 좁은 곳에서 만족하지 않고 더 큰 뜻을 위해 나아가는 사람의 삶에 비유될 수 있을 것이다.

다른 사람을 위해
해줄 수 있는 것은 먼저 행한다

혼자 꾸면 꿈이지만 함께하면 현실

어느 신문에 광고가 났다. "런던까지 가장 빨리 갈 수 있는 방법은 무엇입니까?" 당선된 답변은 이것이었다. "좋은 친구와 함께 간다."

누구나 처음부터 친구가 되는 것은 아니다. 처음에는 누구나 타인으로 다가오지만 그를 친구가 되게 하느냐, 아니면 타인으로 남게 하는가는 자신에게 달렸다. 다른 사람의 장점을 먼저 발견하고 인정하고 받아들일 때 나의 장점도 수용될 수 있다. 서로의 장점이 어우러질 때 시너지는 배가 되며 발전적 공생을 할 수 있다.

프랑스 격언 중 "삶을 즐기는 첫 번째 방법은 타인을 배려하는 것이다"라는 말이 있다. "내가 너를 위하면 너는 나로 인해 행복하고, 너 덕분에 나는 두 배로 행복해질 수 있다"라는 시 구절은 이를 가리키는 것이다.

다른 사람이 내게 무엇을 해주길 바라고 기대하면 그것이 이루어지지 않을 때 짜증나고 힘들어진다. 자기가 바라는 대로 남들이 다 해줄 수는 결코 없다. 다른 사람이 나를 위해 무언가를 해주길 바라는 것보다 내가 먼저 다른 사람을 위해 무언가를 해주는 것이 낫다. 자신이 해야 할 것을 먼저 하고 주어야 할 것을 먼저 주면 받고자 하는 것을 받을 수 있다.

다른 사람에게 행복을 줄수록 나의 행복도 커진다
자신의 역할을 먼저 하지 않고 받으려고만 하는 것은 욕심이다.

다른 사람에 대한 배려 중 우선되는 것은 그가 나를 위해 많은 것을 해달라는 욕심을 버리고 그를 위해 내가 해줄 수 있는 것을 찾는 것이다. 더 줄 수 있다면 더 주어야 하고 아직 베풀 수 있다면 더 베풀어야 한다. 다른 사람이 내게 원하는 것이 자신에 대한 기대치를 낮추어달라는 것이라면 그렇게 해주는 것이 상대도 편해지고 나도 편해지는 것일 수 있다. 상대방의 단점과 약점을 모른 체하고 감싸주는 것도 아름다운 배려다.

다른 사람에게 행복을 주면 나의 행복을 받을 수 있다는 것은 시대와 공간을 초월한 진리다.

수어지고

물고기가 물을 만나듯 서로 도움이 되다
삼국지의 주요 인물 유비는 천하의 패권 다툼을 앞두고 전략을 세울 만한 지략이 뛰어난 모사(謀士)가 매우 필요했다.

속세에 숨어 사는 현인 중에 제갈공명이 뛰어나다는 풍문을 들은 유비는 공명이 사는 초막을 세 번이나 찾아가 자신과 함께 일해줄 것을 부탁하는 '삼고초려(三顧草廬)' 끝에 그를 군사(軍師)로 맞게 되었다.

공명은 유비에게 앞으로 취해야 할 방침으로 근거지의 마련과 배후의 위협을 약화시키고 내정을 다스려 부국강병(富國强兵)의 실리를 올릴 수 있는 계책을 말해주었다. 그리고 현재의 국세를 보아 천하를 삼등분하여 그중 하나를 다스리는 천하삼분계(天下三分計)가 가장 바람직하다고 주장했다.

유비는 제갈공명의 말에 전적으로 찬성하며 그의 높은 식견과 지략에 탄복했다. 유비는 자신보다 나이는 어렸지만 공명을 스승의 예로 대하면서 침식도 함께했다. 유비가 공명을 이처럼 극진히 대하자 관우와 장비가 불평을 말했다.

"공명이 나이도 어리거니와 학식이나 재주가 그리 뛰어난 것도 아닌 듯한데 어째서 그처럼 후한 대접을 해주십니까?"

이에 유비가 대답했다. "내가 공명을 얻은 것은 물고기가 물을 만난 것과 같으니 두 번 다시 말하지 말라." 유비가 이렇게 말하자 관우와 장비 등은 더 이상 불만을 표하지 않았다.

수어지교(水魚之交)는 물고기가 물이 있어야 살 수 있는 것과 같이 서로 인정할 수 있는 좋은 군신관계(君臣關係)가 이루어졌을 때 이를 이르는 말이다. 관우와 장비 역시 유비의 뜻을 잘 받아들여준 '수어지교'의 사이였다. 인간은 혼자서 살아가며 뜻을 이룰 수는 없다. 크고 귀한 좋은 뜻을 지닌 사람일수록 좋은 사람을 알아볼 수 있는 식견을 더해 그를 귀하게 대하며 함께할 수 있어야 한다.

'활용'이 더 중요하다

돈보다 더 중요한 것은 '더 큰돈'이라고 한다. 그런데 '돈을 벌기 위해 필요한 마인드, 행동'과 '더 큰돈을 벌기 위한 마인드와 행동'에는 차이가 있다. 두 가지 모두 재능과 성실함이 필요하겠지만 '더 큰돈'을 벌기 위해선 자기 혼자 버는 것이 아니라 함께 벌어야 하며, 그러기 위해서는 다른 사람들을 '이용'만 해서는 안 되고 '활용'해야 한다.

활용은 다른 사람들의 장점을 인정하고 그것을 살릴 수 있는 기회를 먼저 만들어주고 지원하며 충분한 보상을 하는 것이다.

08

시간관리

두 가지
5분

5분을 떠올리며 살다

사형 집행대 위에 올라선 28세 청년에게 5분의 시간이 주어졌다. 그는 2분 동안은 사랑하는 사람들을 떠올리며 작별인사를, 2분 동안은 신에게 감사의 기도를, 마지막 1분은 자신이 살아온 세상에 고마움을 표했다. 마침내 집행인들이 방아쇠를 당기려는 순간, 황제가 보낸 특사가 집행을 중지하라고 외치며 하얀 손수건을 높이 흔들며 달려왔다. 청년은 사형 대신 시베리아로의 유배를 명령받았다.

청년은 그 자리에 털썩 주저앉았고, 이후 매일매일을 그에게 주어졌던 마지막 5분을 떠올리며 살았다. 그가 바로 불후의 명작 『죄와

벌』, 『카라마조프가의 형제들』을 쓴 러시아의 위대한 작가 도스토예프스키다.

5분의 가치

5분 일찍 일어나면 하루를 계획할 수 있다.
5분 먼저 약속장소에 도착하면 능동적 관계를 맺게 된다.
5분만 화를 가라앉히면 갈등을 풀어낼 수 있다.
5분만 하루를 돌아보면 생산적인 내일을 만들 수 있다.
하루 5분 시 한 편을 읽으면 삶이 더욱 풍요로워진다.
하루 5분 웃음과 격려, 칭찬은 직장을 활기차게 한다.
5분의 시간이 주어지면 시인은 아름다운 시 한 편을 지어내고, 축구경기의 승부가 바뀌고, 수천 수만의 거래가 이루어지며, 숱한 생명이 탄생한다.

시간관리는
인생관리다

황금의 길

평생 시계를 만들던 사람이 은퇴를 앞두고 정성스럽게 마지막 작품을 만들어 아들에게 주었다. 아들이 시계를 보니 시침과 분침은 없고 황금으로 된 초침만이 있을 뿐이었다.

의아해 하는 아들에게 아버지가 말했다.

"얘야, 초침이야말로 황금의 길이다. 1초, 1초가 세상을 변화시킨단다."

시간관리는 가장 소중한 자원을 관리하는 것이다

시간은 창조하고 치유해주며, 변화를 가져다준다. 시간은 앞당겨 사용할 수도 없고, 저축해놓을 수도 없고, 사용하지 않아도 남겨지지 않고 사라져 버린다.

시간은 보이지 않지만 가장 소중한 자원이다. 물적 자원들은 사거나 팔 수 있고 쌓아둘 수도 있으나 시간은 결코 그렇게 할 수 없다. 지혜로운 사람은 '시간을 보낸다'는 소비의 차원을 넘어서 시간을 소중한 자원으로 인식하고 적극적으로 활용한다. 아무 의미 없이 시간을 죽이는 것(killing time)은 자신의 소중한 인생을 낭비하는 것과 마찬가지일 수 있다.

현재의 시간사용을 통해 미래를 만든다

우리의 현재 모습은 과거의 시간 사용의 결과물이다. 과거에 무엇을 심고 무엇을 거두어왔느냐에 따라 지금의 모습을 갖게 된다. 앞으로도 하루, 한 달, 일 년을 어떻게 보내느냐에 따라 한 달, 일 년 후 모습이 달라질 것이다. 그것은 누구에게나 공평하게 적용되는 사실이다.

『채근담』에서는 "이룰 수 없는 일을 도모하는 것보다 이미 이루어 놓은 일을 잘 지키고, 지나간 과거의 잘못을 후회하기보다는 앞으로의 일을 잘 대응해야 한다"고 말한다. 그때 그럴 것을, 그때 그러지 말 것을 하고 후회하는 것에 그치지 말고 반성을 통해 앞으로의 대비를 잘 해야 한다는 것을 지적한 것이다.

지금 아니면 언제?

'Then & There' 보다 'Here & Now'에 충실을

영화 「죽은 시인의 사회」에서 주인공 키팅 선생은 학생들에게 자유정신을 고양시키기 위해 "카르페 디엠(carpe diem)!"이라고 말한다.

이 말은 로마의 시인 호라티우스의 '송가'에 담긴 구절로 "현재를 잡아라(Seize the day)", "지금 이 순간에 충실하라", "피할 수 없다면 즐겨라" 등의 뜻을 담고 있다.

영국 웨스트민스터 사원의 묘석 중 하나에는 "지금 아니면 언제?"라는 짧은 질문과 함께 "가장 소중한 사람은 지금 당신 옆에 있는 사람. 가장 소중한 시간은 당신이 숨 쉬고 있는 지금. 가장 소중한 공간은 당신이 있는 그곳. 사랑의 말이 있다면 지금 전하라"라는 말이 적혀 있다고 한다.

지금(Present)은 신으로부터 받은 소중한 선물로 황금보다 소중하다고 한다. 시간관리는 지금 '현재'를 충실하게 사는 것이다.

'시작하는 순간이 완벽한 때'는 '지금' 아니면 결코 오지 않는다

지혜의 왕 솔로몬은 "모든 것은 때가 있다"고 말했다. '타이밍'의 중요성을 알려주는 말일 것이다.

이 말처럼 사람이 살면서 이루는 세상의 모든 일에는 씨를 뿌려야 할 때가 있고 열매를 거두어야 할 때가 있다. 완벽한 타이밍을 잡기는 쉽지 않다. '가장 완벽한 때'는 결과론적으로 말할 수 있기 때문이다. 타이밍을 잡기 어렵다면 '지금'이 가장 좋은 시간이다. '지금'을 가장 완벽한 순간으로 만들면 된다. 그것이 현재를 충실하게 사는 것이다.

현재를 충실하게 살기 위해서는 언젠가 하려고 했던 것, 이제는 늦었다고 하며 시도하지 않은 것 중 지금 시작할 수 있는 것을 시작하는 것이 가장 좋다.

지금, 해야 할 일을 하고 하지 않아야 할 일은 하지 않고 있는가?

또 가끔 "지금 해야 할 일을 하고, 하지 않아야 할 일은 하지 않는가?"라는 질문을 통해 스스로를 점검할 필요가 있다. 물론 어떤 일과 행동이 무의미한 것인지는 사람의 성격과 주어진 상황마다 상대적이다.

"해야 하나 말아야 하나 하고 갈등을 일으킬 때는 하는 것이 낫다"라는 말도 있다. 그러나 그것을 하는 데 시간을 투입하기 전에 먼저 "며칠 또는 몇 개월, 몇 년의 시간이 흐른 후에도 과연 그것을 한 것에 후회가 없을 것이고 잘한 선택이라는 답변을 당당히 할 수 있을 것인가?"라는 질문을 던져볼 필요가 있다.

09

건강

일과 건강의 균형

건강은 더 많은 덕을 베풀 수 있는 토대

촉한(蜀漢)의 유비가 죽은 뒤 제갈공명은 10만 대군을 이끌고 위나라와의 결전에 임했다. 이때 위나라의 장수는 대장군 사마중달이었다. 제갈공명은 사마중달을 끌어내어 빨리 승패를 결정지으려 했으나 사마중달은 지구전으로 나서며 제갈공명의 공격군이 지칠 때를 기다리고 있었다.

서로 대치하며 항복을 권유하거나 후퇴를 종용하는 사자(使者)만 왕래했다. 사마중달은 제갈공명의 사자를 만나면 반드시 공명의 일상생활에 대해 물어보았다. "공명은 하루 식사를 어떻게 하며 식사량은 어떻게 되시오?", "하루에 한두 끼니 반 그릇 정도만 드십니다."

사마중달이 다시 묻는다. "그러면 일처리는 어떻게 하시오?", "매일 20건 이상의 공문서를 직접 보고 처리하고 계십니다." 그러자 사마중달이 "먹는 것은 그렇게 적고 일은 그리 많으니(食少事煩, 식소사번) 어떻게 오래 지탱할 수 있겠소?" 하고 진담 반 농담 반으로 말했다.

사자가 돌아오자 제갈공명은 "사마중달이 무슨 말을 하던가?" 하고 물었다. 사자가 들은 그대로 전하자 제갈공명은 "그의 말이 맞다. 나는 병이 들어 식사를 잘 못하니 아무래도 오래 살 것 같지가 않다"고 말했다.

과연 얼마 후 제갈공명은 병이 깊어져 오장원(五丈原) 구릉의 진중에서 세상을 떠나고 말았다. 공명은 자신이 죽으면 살아 있는 것처럼 위장하고 대오를 정비해서 퇴각하다가 사마중달이 추격하면 자신의 가짜 모습을 꾸며 수레에 앉힌 후 곧 반격하라고 지시했다. 공명의 말처럼 퇴각하던 촉한의 군대는 사마중달의 추격을 받자 제갈공명이 살아 있는 것처럼 꾸몄고 이에 속은 사마중달은 추격은커녕 멀리 달아나버렸다. 후세 사람들은 이를 두고 "죽은 공명이 산 중달을 패주시켰다(死諸葛走生仲達)"고 말한다.

일을 하건 다른 무엇을 하건 건강을 해쳐서는 결코 멀리 갈 수 없다. 사마중달이 말한 식소사번은 일과 건강이 균형을 이루어야 함을 경계하는 말이다.

공자는 "어버이를 공경하는 효는 모든 덕의 근본이다. 효의 시작은 어버이로부터 물려받은 몸을 귀하게 다루는 것이다(身體髮膚 受之父母, 不

敢毁傷 孝之始也"라고 말했다.

몸을 건강하게 관리하는 것은 효의 시작이면서 더 많은 덕을 베풀 수 있는 토대가 된다.

웃음과 미소, 유머 감각은 정신건강을 지켜준다

웃으면 산다

1930년대 미국 하버드 대학교의 한 교수가 척추암에 걸려 앞으로 6개월밖에 살지 못한다는 시한부 통보를 받았다. 통증을 참으며 죽을 날을 기다리던 그 교수는 어느 날 찰리 채플린의 코믹 영화를 보다가 놀라운 경험을 했다.

영화를 보며 실컷 웃다 보니 마약성 진통제를 맞아도 가시지 않던 통증이 전혀 느껴지지 않았던 것이다. 교수는 그 후 통증이 올 때마다 코믹 영화를 보면서 큰소리로 웃었다. 놀랍게도 그 교수는 이후로도 30년을 더 살았다.

그는 동료 의대교수에게 "웃으면 통증이 사라집니다. 왜 그런지 연구해보세요"라고 권했다. 동료 교수들의 연구 결과 웃을 때는 행복 호르몬인 도파민이 분비되어 기분이 좋아지고, 함께 분비되는 엔돌핀 등은 부작용 없는 천연 마약 효과를 발휘하여 통증을 가라앉혀준다는 것이 밝혀졌다.

미소와 유머는 만국공통의 여권

링컨과 대결한 상대방 후보가 링컨을 가리켜 '두 개의 얼굴을 가진 사람'이라고 공격했다. 이때 링컨은 "제가 다른 얼굴을 또 가졌다면 이 못생긴 얼굴을 들고 나왔겠습니까?"라고 응수했다. 그의 대응은 더 많은 지지를 끌어냈다.

처칠의 인기가 상당했다. 연설을 하러 가는 곳마다 그야말로 미어터지도록 사람들이 몰려들었다. 어느 기자가 질문을 던졌다. "가는 곳마다 사람들이 몰려들어 환영하니 얼마나 기분이 좋습니까?"

처칠이 답했다. "물론 기분이 좋습니다. 하지만 내가 교수형을 당한다고 하면 지금보다 최소한 두 배 이상의 사람들이 몰려들 것이란 사실도 늘 기억하고 있습니다."

웃음과 미소, 유머는 내 마음도 열지만 상대방을 무장해제시킨다. 웃으면서 대화를 나누면 쉽게 마음을 열게 되고 대화 후의 느낌도 상쾌하고 정신건강에 큰 도움이 된다. 유머는 잘못에 대한 너그러운 도량을 보여주고, 적에 대한 적개심을 풀어준다.

상대방의 유머러스한 이야기를 듣고 자연스러운 미소를 짓거나 웃어주는 것이야말로 유머 감각을 지니고 있기에 가능한 것이다.

더 환하게 미소를 짓거나 더 크게 웃을 수 있다면 그것이야말로 자연스럽게 정신건강을 유지시키는 비결이다.

10

역량

최선을 다해
한계를 극복하다

공자를 감동시킨 노력

공자가 어느 날 숲을 걷다가 매미를 잡고 있는 사람을 보았다. 그는 허리가 매우 굽어 불편한 몸이었으나 매미를 쓸어 담듯 아주 손쉽게 잡고 있었다. 공자가 어떻게 그런 재주를 익혔느냐고 물었다. 그 사람은 "저는 허리가 이처럼 심하게 굽은 사람이라 다른 일은 잘할 수 없습니다. 그러나 몸을 나무 등걸처럼 하고, 어깨를 고목나무 가지처럼 하여 꼼짝 않고 있으면 매미들이 달라붙습니다. 저는 오직 달라붙는 매미들의 날개에만 집중하지요. 6개월을 연습해서 실수를 절반으로 줄이고, 또 6개월을 연습해서 그 실수의 절반을 줄였으며, 또 6개월을 연습해서 실수가 10분의 1이 되었습니다." 공자가 "궁즉통(窮卽通)이로구나" 하고 감탄했다.

궁즉통이라는 말은 공자가 유교경전 『주역(周易)』이 전하는 메시지를 한마디로 표현한 것으로 '궁즉변(窮卽變) 변즉통(變卽通) 통즉구(通卽久)'를 줄인 말이다. "최선을 다하면 변하고, 변하면 이룰 수 있고, 이루어지면 오래 간다"는 의미를 담고 있다.

최선을 다해 역량을 개발하면 역량의 질적 향상을 가져온다. 향상된 역량으로 더 큰 목표를 달성하고 그 열매를 거둘 수 있을 것이다.

노력하고 시도하면 무언가는 얻게 된다

성공을 위한 조건 중 하나로 많은 사람들이 재능을 꼽는다. 재능은 분명 타고나는 측면이 있으며 그 크기는 사람마다 다르다. 그러나 노력과 열정으로 재능을 만들고 더 키우는 사람들도 분명 있다. 어떤 사람이 보여주는 재능에서는 타고난 행운보다도 그 사람의 피나는 노력과 뜨거운 열정, 무수히 흘린 땀방울의 무게가 더욱 아름답게 느껴지기도 한다. 타고난 재능의 한계가 있다 하더라도 그것을 향상시키려고 노력하는 과정에서 얻어지는 것은 반드시 있다.

수불석권으로
괄목상대할 인물이 되다

박학다식해진 무장

수불석권(手不釋券)은 '손에서 책을 놓지 않는다'는 의미로 항상 책을 가까이하여 학문을 열심히 하는 자세를 말한다. 괄목상대(刮目相對)는 눈을 비비고 상대를 다시 본다는 뜻으로 사람의 학식이나 재능이 놀랍도록 향상되었음을 비유하는 말이다.

중국의 촉나라와 위나라, 오나라가 대립하던 삼국시대, 오(吳)나라의 장수 여몽(呂蒙)은 어렸을 때 집안이 매우 가난하여 공부를 하지 못한 탓으로 학식은 전혀 없었다. 그러나 출중한 무예로 뛰어난 무공을 발휘, 장군의 자리까지 올랐다. 어느 날 그의 군주인 손권이 여몽을 불러 말한다.

"그대가 앞으로 대장군까지 성장하려면 지혜를 갖추어야 하니 열심히 책을 읽고 공부하라."

여몽이 책을 읽는 것 말고 다른 방법으로 지혜를 더할 수 있는 방법은 없는지 묻자 손권은 이렇게 답했다.

"공자는 '하루 종일 생각하여도 책을 읽는 것만 못하다'라고 했다. 후한의 황제 광무제 역시 바쁜 가운데서도 손에서 책을 놓지 않았으며(手不釋卷), 나 역시 젊었을 때부터 지금까지 책 읽는 것을 통해 역사와 병법의 지혜를 배우고 있네."

그리고 손수 몇 권의 책을 읽으라고 건네주었다.

손권의 권유를 받은 여몽은 즉시 글을 배우고 책을 읽기 시작했다. 심지어 전쟁터에서조차 틈이 나면 책을 읽었다.

시간이 흘러 어느 날 손권의 부하들 중 가장 뛰어난 학식을 지녔다고 평가받는 측근 참모 노숙이 여몽과 대화를 나누게 되었다. 대화를 나누던 노숙은 예전과 달리 여몽이 무척 박학다식해졌음을 느꼈다. 그래서 이렇게 말했다.

"얼마 전까지만 해도 나는 그대가 무예만 뛰어나고 학식은 부족한 사람이라고 생각했소. 그런데 오늘 이야기를 나누어보니 그대는 과거의 여몽이 전혀 아닌 것처럼 뛰어난 학식까지 갖추고 있구려."

여몽이 웃으며 답했다.

"선비가 헤어진 후 사흘이 지나 다시 만난다면 서로 눈을 비비고 다시 대해야 할 정도로 달라져 있어야(刮目相對) 하지 않겠습니까?"

공자는 "내가 태어날 때부터 무엇이든 잘 알았던 게 아니라 단지 즐겨 읽고 깊이 생각하여 얻었을 뿐이다"라고 말했다. 프랑스의 나폴레옹 역시 전쟁터에서도 틈만 나면 책을 읽었다. 우리나라의 세종대왕께서도 손에서 책을 놓지 않으며 지극한 배움의 자세를 보여주었다.

길게 보고 끊임없이
갈고 닦는다

___

오랫동안 내공을 기르다

중국의 극동 지역에서만 자라는 '모죽(毛竹)'이라는 대나무는 씨를 뿌린 후 수년이 지나도 땅 밖으로 불과 3,4cm 정도밖에 자라나오지 않는다고 한다. 하지만 5년이 지난 어느 날부터 하루에 30cm가 넘게 자라고 주성장기인 봄에는 하루에 80cm씩 쑥쑥 자라기 시작해 6주 정도가 지나면 순식간에 울창한 대나무 숲을 이룬다. 모죽이 땅 밖으로 나온 후 쭉쭉 자랄 수 있는 이유는 땅 밖으로 싹을 틔우기 전 오랜 시간 동안 사방으로 깊숙이 뿌리를 뻗기 때문이라고 한다.

중간에 끊이지 않고 계속하여 길을 찾아 흘러간 냇물이 언젠가는 강을 만나고 넓은 바다에 이른다. 3000년 전 중국의 강태공은 30세에 산에 들어가 40년 동안 심신을 갈고 닦은 후 70세가 되어 하산하여 큰 일을 이루었다.

『중용』에서는 "의문이 해소될 때까지 묻고, 완전히 깨닫게 될 때까지 생각하고, 명백히 분별될 때까지 포기하지 않고, 결과를 얻기 전까지 포기하지 않으면 우둔한 사람도 총명해지고 유약한 사람도 굳세어질 것이다"라고 말한다.

역량을 쌓는 것에 지름길은 없다. 진지하고 끈기 있게 임하는 자세가 결국 좋은 열매를 거두는 요인이다. 지금 눈에 띄는 성과가 없고 힘들더라도 그것은 큰 성장을 위해 단단히 뿌리를 내리는 과정인 것이다.

백척간두 갱진일보

옥도 갈고 닦지 않으면 그릇이 되지 못한다(玉不琢不成器, 옥불탁불성기). 아무리 출중한 재능을 지니고 있는 사람이라도 꾸준히 사용하거나 훈련하지 않으면 재능을 잃게 된다.

중국 송나라 때 초현 대사는 "100척 높이의 탁월한 경지에 도달했다 하더라도 거기서 한 걸음 더 나아가는 노력을 해야 진정한 최고가 될 수 있다(百尺竿頭 更進一步, 백척간두 갱진일보)"고 말했다.

장자는 "지극(至極)한 배움이란 배울 수 없는 것을 배우는 것이고, 지극한 실천이란 실천할 수 없는 것을 실천하는 것이며, 지극한 지혜란 알 수 없는 것을 깨닫는 것이다"라고 말한다.

백척간두 갱진일보는 자기와의 싸움이다. 최선을 다해 노력한 후 하늘의 뜻을 기다린다는 진인사대천명(盡人事待天命)은 이를 실천한 사람만이 감히 말할 수 있을 것이다.

| 2부 |

빼기의 지혜
버리고 없애고 줄이기

나는 모든 위대한 인간의 하인이다. 하지만 모든 낙오한 인간의 주인이기도 하다. 위대한 사람들과 있을 때 나는 위대한 것을 만들어냈다. 실패한 사람들과 있을 때 나는 실패를 만들어냈다. 나는 기계와 같은 정확성으로 이 모든 일을 한다. 그대는 그대의 이익을 위해 나를 사용할 수도 있고, 혹은 그대의 파멸을 위해 나를 사용할 수도 있다. 내게는 어느 쪽이든 차이가 없다. 나를 만들어라. 나를 훈련시켜라. 그리고 내게 단호하라. 그러면 나는 그대의 발밑에 세상을 가져다줄 것이다. 하지만 나를 우습게 여기면 파멸로 이끌 것이다. 나는 누구일까? 나는 바로 그대의 습관이다.

"하나의 이익을 얻는 것이
하나의 해로움을 제거함만 못하고
하나의 일을 만드는 것이
하나의 일을 없애는 것만 못하다"는 말이 있다.
해서는 안 되는 일, 하지 않아도 좋은 일은
아예 시작하지 않거나 시작했더라도 멈출 줄 알아야 한다.
아쉽지만 줄이고 버리는 것에는 용기가 필요하다.
변화는 무언가를 버리는 데서도 시작된다.

01

욕심

눈앞의 함정

사람들에겐 얼마만큼의 땅이 필요할까?

어떤 사람이 해가 서산에 지기 전까지 걸어갔다 돌아온 넓이만큼 땅을 주겠다는 하나님의 말에 기쁨에 겨워 앞으로 걷기 시작했다. 한 평이라도 많은 땅을 얻기 위해 물 한 모금 마시지 않고 걷고 또 걸었다. 어지간히 앞을 향해 걸어간 후 출발한 곳을 향해 다시 되돌아 걸었다.

  해가 떨어지기 전에 돌아와야 했기에 갈 때와 마찬가지로 물 한 모금 마시지 않고 걸었다. 출발점에 되돌아왔을 때 해가 졌다. 떨어지는 해를 보고 그는 안도의 숨을 내쉬었으나 이내 땅에 쓰러져 다시는 일어나지 못했다. 그가 얻은 땅은 영원히 누울 한 평 남짓한 넓이였다.

톨스토이의 『사람은 무엇으로 사는가?』라는 우화집에 실린 이야기다.

쌀을 포기하지 않은 대가

인도 남부 지방에서는 코코넛 열매를 이용하여 원숭이를 산 채로 잡는 방법이 있다. 코코넛 열매 껍데기에 원숭이 손이 들어갈 만한 구멍을 뚫고 속을 모두 긁어낸 다음, 그 속에 쌀을 조금 집어넣고 끈을 연결하여 말뚝에 단단히 매어둔다.

이 코코넛을 발견한 원숭이는 냉큼 다가와 구멍 속으로 손을 넣어 쌀을 한 움큼 집는다. 그때 숨어 있던 사람이 다가가면 원숭이는 잡히지 않으려 이리저리 몸을 움직인다. 하지만 쌀을 잔뜩 쥔 손을 빼내지 않아 결국 사람에게 잡히고 만다.

만족할 줄 아는 것만이 영원한 만족

사람들은 세상을 살아가면서 무엇인가를 얻기 위해 노력한다. 그것이 진정으로 얻을 만한 가치가 있는 것인지 어떤지는 뒷전으로 하고 말이다. 작은 것을 얻으려다 더욱 큰 것을 잃기도 하고, 별로 중요하지도 않은 것을 얻으려다 참으로 중요한 것을 잃기도 한다.

칭기즈 칸이 세계정복을 이룰 수 있도록 도와준 일등 공신 '야율초재'는 이런 말을 남겼다. "하나의 이익을 얻는 것이 하나의 해로움을 제거함만 못하고, 하나의 일을 만드는 것이 하나의 일을 없애는 것만 못하다."

노자는 "만족할 줄 모르는 것보다 더 큰 재앙이 없고, 탐욕보다 더 큰 죄는 없다. 만족할 줄 아는 것만이 영원한 만족이다"라고 가르쳤다.

억지로 뽑는다고
자라지 않는다

모를 뽑아 성장을 돕고자 한 결과

어느 농부가 있었다. 그는 자기 논에 심은 모가 빨리 자라기를 바랐다. 매일같이 논에 나가 모가 자라는 모습을 지켜보았지만 쑥쑥 자란다는 생각이 들지 않자 억지로라도 모가 자랄 수 있도록 도와주어야겠다는 생각을 했다.

뜨거운 태양이 내려쬐는 날이었다. 그날도 그는 모가 빨리 자라길 바라며 논가에 한참을 서 있었다. 아무리 바라보고 있어도 모가 자라는 기색이 보이지 않자 그는 자신이 직접 모가 자라는 것을 도와주어야겠다는 생각을 했다. 그래서 논으로 내려가 모를 조금씩 뽑아 올렸다(拔苗助長, 발묘조장). 하루 종일 그렇게 하자 어지간히 마음이 흡족해졌다.

저녁이 되어 집에 돌아간 그는 가족들에게 자신이 한 일을 자랑했다. 이야기를 듣고 깜짝 놀란 농부의 아버지가 어둑어둑한 길을 더듬으며 논에 달려가보니 이미 모들은 말라죽어 있었다.

『맹자』에 실려 있는 이야기로 과정과 규칙을 무시하고 성급하게 빨리 하려고 하면 도리어 목적에 도달할 수 없다는 메시지를 전해준다. 뜻이 아무리 선(善)하다고 하여도 과정과 규칙을 함부로 무시할 수는 없다. 하물며 자신의 욕심을 채우기 위하여 지켜야 할 규칙과 과정, 순리를 무시한다면 의도한 결과를 얻기 어려울뿐더러 심각한 부작용을 초래할 수 있다.

빨리 가고자 하면 오히려 닿지 못한다
계란을 얻기 위해 닭을 죽여서는 안 된다. 눈앞의 이익만 탐하여 항구적인 이익을 고려하지 않는 것은 지혜롭지 못하다.

노자(老子)는 "자연은 남는 것을 덜어 부족한 곳을 메꿔준다. 그러나 인간 사회는 차고 넘치는 자가 부족한 자에게서 더 착취한다"고 말하며 하늘의 도를 설명하는 동시에 인간 사회의 욕심을 경계했다.

공자는 『논어』에서 어떻게 정치를 해야 하는지에 대한 물음에 이렇게 답한 바 있다. "빨리 하려고 하지 말고, 작은 이득을 탐하지 마라. 빨리 하려고 하면 목표에 도달하지 못하고, 작은 이익을 탐하면 큰일을 달성할 수 없다."

과정 없이
얻을 수는 없다

2층 없는 3층
어느 마을에 허영심 많은 부자가 있었다. 그는 이웃 마을에 3층 누각이 들어섰다는 말을 듣고 구경을 갔다. 가서 보니 정말 훌륭한 누각이었다. 특히 3층에서는 말할 수 없이 아름답고 정교한 멋을 느낄 수 있었다. "이 누각보다 더 멋있는 누각을 지어야겠다"라고 결심한 부자는 집으로 돌아오자 곧바로 목수를 불렀다.

"내게도 3층 누각을 지어주게. 특히 3층 부분을 멋지게 만들어주게." 목수는 즉시 일을 시작하여 땅을 파기 시작했다. 그러자 부자가 따지며 말했다.

"아니, 누각은 짓지 않고 왜 땅을 파는가?"

"예, 누각을 올리려면 이렇게 먼저 땅을 파서 돌을 쌓는 기초 공사를 해야 합니다."

부자가 말했다.

"무슨 말이야? 나는 그저 누각만 있으면 돼. 특히 3층만 있어도 되니 땅은 팔 필요 없네."

부자의 어이없는 말에 목수는 하던 일을 멈추고 돌아가 버렸다.

GIGO, GIDO

의외로 많은 사람들이 과정 없이 결과만을 바란다. 높은 탑 아래에는 차곡차곡 쌓여진 수많은 돌들이 있다.

기초 없이 무언가를 이루고 지속한다는 것은 허황된 생각이다. 나무 위에서 무언가 떨어지게 하려면 먼저 나무를 심는 수고로움을 겪어야 한다. 쓰레기를 넣으면 쓰레기가 나온다(Garbage In, Garbage Out). 다이아몬드와 같은 결과를 얻으려면 적어도 황금 수준의 노력을 하여야 한다(Gold In, Diamond Out). 씨앗을 심어야 열매를 거둘 수 있다.

나서야 할 때와
물러나야 할 때

대고자야(待賈者也)와 양고심장(良賈深藏)

공자의 제자 자공(子貢)이 공자에게 묻는다.

"스승님, 만약 여기 아름다운 옥이 있다면 궤짝 속에 꽁꽁 숨겨두시 겠습니까, 아니면 큰 값을 주는 상인에게 파시겠습니까?"

"팔아야지. 나는 좋은 상인을 기다리는 사람이다(待賈者也)."

대고자야라는 말에는 훌륭한 군주를 만나 자신의 뜻을 펼치고 싶어 하는 공자의 의지가 반영되어 있는데, 재능과 재물을 감추어두기보다는 세상을 향해 널리 이롭게 사용될 수 있도록 하여야 한다는 의미를 전달한다.

대고자야와 대비되는 이야기가 양고심장(良賈深藏)이다.

공자(孔子)가 젊었을 때 노자를 찾아가 가르침을 청했다. 노자는 공자에게 "좋은 장사꾼은 상점에 훌륭한 물건을 진열하지 않고 군자는 재능이 있어도 외부에 과시하지 않소. 그대는 자신의 능력을 내세우며 욕망과 의욕을 지나치게 드러내고 있으나 모든 무익한 일이니 삼가하도록 하시오"라고 말했다.

양고심장은 중국 사마천(司馬遷)이 기술한 『사기(史記)』에 나오는 말로 유능한 장사꾼은 좋은 물건을 깊은 곳에 감추어두고 진열장에는 내놓지 않는다는 뜻으로, 참된 군자는 속으로 큰 덕을 지니고 있으면서도 겉으로는 어리석은 듯 행동한다는 뜻이다. 빼어난 능력이 있다 하여 그 능력을 내세우고 과시한다면, 주위로부터 견제와 질시를 받을 수 있다. 양고심장은 그 점을 지적한 말이다.

능력이 없다면 욕심 부리지 말아야
대고자야와 양고심장은 사람이 능력과 상황에 따라 나아가고 물러서야 하는 때가 있다는 메시지를 던져준다. 능력이 있다면 필요한 때에 적절하게 세상을 향해 쓰일 수 있어야 하지만, 능력이 없다면 욕심 부리지 말고 물러나야 한다.

공자께서는 "아무리 좋은 재능이라도 바람직하지 않은 일을 위한 수단으로 쓰이는 것보다는 차라리 감추어져 있는 것이 낫다"며 "남이 나를 알아주지 않는 것을 걱정하지 말고 내가 남을 알지 못하는 것을 걱정하라"고 지적했다.

하늘이 알고 땅이 알고
네가 알고 내가 안다

어찌 아무도 모른다 하느냐?
중국 후한 말 양진(楊震)이라는 선비가 어지러운 정치 상황을 피해 후학들을 가르치며 살아가고 있었다. 그는 후학들에게 항상 정직하고 정의롭게 살며 거짓과 불의에 무릎 꿇지 말 것을 강조했다.

어느 날 그가 학생들을 가르치는 서당 위로 큰 새가 날아와 입에 물고 있던 것을 떨어뜨렸는데, 사람들이 다가가 보니 꼬리가 세 개 달린 물고기였다. 사람들은 이를 양진이 높은 벼슬에 오를 징조로 받아들였다. 사람들의 기대대로 양진은 중앙정부에 의해 발탁되어 높은 벼슬자리에 올랐다.

그는 관직을 맡은 후 공평무사하고 엄정한 일처리를 했고 자신이 가르친 제자들 중 우수한 인재를 공직으로 천거하기도 했다. 어느 해 양진이 천거하여 벼슬을 살던 제자가 집으로 찾아왔다. 제자는 고향 집에 일이 있어 온 길에 인사차 들렀다며 준비한 작은 선물을 내놓았다. 양진은 오랜만에 만난 제자의 선물이지만 그 자리에서 거절했다.

제자는 자신의 성의를 물리치는 양진에게 아무도 보는 사람이 없으니 그냥 받아달라고 간청했으나 양진은 노기를 띠며 "내가 너를 그리 가르치지 않았다. 하늘이 알고 땅이 알고, 내가 알고 네가 아는데(天知地知我知子知, 천지지지아지자지) 어찌 아무도 모른다 하느냐?"라고 호통치며 돌려보냈다.

청백리(淸白吏)의 삶을 산 양진의 장례식 날 큰 새가 나타나 눈물을 흘리고 날아갔다고 한다.

『채근담』에서는 "벼슬자리에 올라 일을 볼 때는 공정무사(公正無私)해야 옳은 판단을 할 수 있고, 청렴결백해야 떳떳이 위엄을 지킬 수 있다. 벼슬자리에 있으면서 사리사욕을 부리면 관복을 갖추고 도둑질하는 것과 같다"라고 말한다.

양진의 "하늘이 알고, 땅이 알고, 내가 알고, 네가 안다"는 4지(四知)

는 공적인 일을 수행하는 사람들의 마음을 바로 잡는 수신(修身)의 열쇠라 할 것이다.

허황된 바람을 버려라

토끼가 나무에 부딪치기를 기다리다

중국 송(宋)나라 시절 한 농부가 우연히 나무 그루터기에 토끼가 부딪쳐 죽는 걸 보고 뜻밖의 횡재를 하였다. 그 후 그는 농사는 버려두고 토끼가 나무에 부딪히기만을 기다렸다(守株待兎, 수주대토). 그러나 여러 달이 지나도 더 이상 나무에 부딪치는 토끼는 한 마리도 없었다. 그는 토끼도 못 잡고 농사도 짓지 못했다.

마지막 한 문장

페르시아의 왕이 현자(賢者)들을 모아서 후세에 길이 남을 성공의 지혜를 찾아 책을 만들라고 명령했다. 현자들은 오랫동안의 노력 끝에 1000페이지 두께의 책을 만들었다. 왕이 책을 들고 감탄했지만 너무 두꺼우니 조금 줄이도록 하라고 했다.

현자들은 절반으로 줄였다. 왕은 그것도 너무 두꺼우니 좀 더 줄이라고 명했다.

현자들은 고민고민 끝에 100페이지로 줄였다. 왕은 이것을 모두 읽은 후 말했다. "10장 정도로 줄여보시오."

현자들이 10장으로 줄여 가져가자 왕은 1장으로 다시 줄이라고 요구했다.

그 작업은 쉽지 않았다. 쓸데없는 것들을 늘어놓기보다 쓸데 있는 것들만 남기는 것이 더욱 어렵다는 것을 새삼 느끼며 현자들은 이것이 마지막이겠지, 하고 한 장으로 줄였다. 작업은 몇 개월이 걸렸다.

그리고 그 한 장을 왕에게 제출했다. 왕은 한 문장으로 요약해보라고 요구했다. 현자들은 도저히 자신이 없었다.

그러자 왕이 말했다. "그러면 내가 한 문장으로 말해 주겠소."

현자들은 왕의 입을 바라보았다. 왕이 말했다.

"이 세상에 공짜는 없다."

02

이기심

목마름이 아니라
메마름이 우리를 황폐하게 한다

자기 논의 벼도 썩다

어떤 농부가 새로 논을 개간하며 멀리서 물을 끌어왔다. 물을 머금은 논에 생기가 돌았다. 그런데 힘들게 끌어온 물이 이웃 논으로도 흘러 들어가는 것이 매우 못마땅했다. 그래서 자기 논의 물이 다른 곳으로 빠져나가지 못하게 논둑을 높이고 틀어막았다. 그러자 물이 다른 논으로 흘러가지 않았다. 그 대신 자기 논의 벼가 모두 썩어 쌀을 얻을 수 없었다.

받기만 할 뿐 내보낼 줄 모르는 자

중국에 이런 시구가 있다.

"대지에 비가 내리고 태양이 비추면 대지는 그것을 다시 자연으로 되돌려주는데 … 황무지, 그대는 그렇게 많은 빗물과 태양을 받아도 도대체 그것들을 어디다 쓴 거요? 받기만 할 뿐 내보낼 줄 모르는 자가 언제나 더 메말라 있는 것."

봄이 되면 대지는 빗물을 받아들여 초록의 싹을 피우고, 여름이 되면 뜨거운 태양이 열매를 살찌우고, 가을이 되면 그 열매를 거두도록 한다.

그러나 황무지와 사막은 뜨거운 태양 빛을 받아도 아무런 열매를 키워내지 못한다.

사람 스스로가 황무지와 사막 같으면 아무리 빗물과 태양을 내려쬐여도 세상을 위한 열매를 피워내지 못하듯 사람 역시 그러하다는 것이다.

자기 체면만 지키려다
나라를 잃을 수는 없다

무서워서 피하는 것이 아니다

중국 춘추전국시대 조나라에 염파라는 장군이 있었다. 그는 무인 출신으로 조나라의 원로 공신이었다. 어느 때 조나라 왕은 인상여라는 문인 출신의 지혜로운 인물을 재상으로 등용하여 염파의 윗자리에 앉혔다.

염파는 왕의 조치에 내심 못마땅했으나 겉으로 이를 드러내지는 않았다. 대신 "나는 조나라의 장수로서 목숨을 걸고 적의 성을 공격하고 빼앗은 공로로 지금의 자리를 얻었다. 그러나 인상여는 세 치 혀만 놀려 나보다 높은 지위에 올랐다. 앞으로 길에서 인상여를 마주치게 되면 내가 그에게 창피를 안겨주리라"라고 사람들에게 말했다.

어느 날 인상여가 외출하던 중 멀리 염파의 모습이 보였다. 인상여는 수레를 옆길로 몰게 했다. 염파와 마주치는 것을 피하기 위해서였다. 인상여의 부하가 이를 못마땅하게 여겨 말했다.

"염파 장군은 공공연하게 재상을 욕하면서 다니는데, 어째서 재상께서는 그를 두려워하며 피해 다니십니까?"

그러자 재상 인상여가 웃으며 대답했다.

"내가 어찌 염파 장군을 두려워 피하겠느냐? 다만 지금 이웃의 강대한 진나라가 노리고 있는 우리 조나라의 처지에서 재상인 나와 무공이 뛰어난 염파 장군이 서로 갈등을 겪는다면 누구에게 해가 되겠느냐? 내가 염파 장군을 피하는 이유는 나라의 이익을 우선하고 사사로운 자존심은 뒤로 돌리기 때문이다."

이 말을 전해들은 염파 장군은 크게 부끄러워하며 스스로 윗옷을 벗고는 가시나무를 짊어지고 인상여의 집으로 찾아갔다. 그리고는 꿇어 엎드려 "재상의 높은 뜻을 몰랐던 저를 이 가시나무로 마음껏 매질하여 주십시오"라고 청했다. 그러자 재상 인상여는 염파 장군을 안아 일으키며 오히려 자신을 이해해주어 고맙다는 뜻을 표했다. 두 사람은 이후 서로 상대를 위해 목을 내놓아도 후회하지 않을 정도의 교분(刎頸之交, 문경지교)을 맺고 나라를 위해 활약했다.

　사사로운 개인 감정에서 비롯된 옹졸한 마음과 작은 이익을 얻거나 지키기 위한 이기주의를 버린다면 반드시 더 큰 것을 취할 수 있다.

03

자만심과 교만함

교만은 추락을
가져온다

하늘에 오르려 하다

그리스 신화에 등장하는 인물 벨레로폰은 코린토스의 왕자로 태어났다. 그는 대단한 미남으로 숱한 여성들의 마음을 훔치고 날개 달린 천마(天馬) 페가수스까지 입수한다. 페가수스는 머리가 셋 달린 뱀인 메두사가 죽을 때 쏟은 피에서 태어난 말로 많은 사람들이 탐내고 있었다.

그는 이 말을 타고 머리는 사자, 가슴은 양, 꼬리는 뱀의 모습을 한 괴물 키메라를 처치하고 아마존 족까지 정복했다. 그리고 세상에서 가장 아름다운 공주를 아내로 맞이하여 행복한 생활을 했다. 모두가 벨레로폰을 영웅으로 인정하고 그의 용맹을 칭송하고 외모를 부러워했다.

그러자 벨레로폰에게 교만한 마음이 생겨 자주 오만한 행동과 말을 했다. 그는 자신이 하늘에 사는 신들과 다를 게 무엇이겠느냐며 페가수스를 타고 신들이 사는 곳으로 오르려 했다. 벨레로폰의 말과 행동에 화가 난 제우스는 페가수스를 타고 하늘로 한참 날아오르는 벨레로폰에게 번개를 내리쳤고 그는 말에서 떨어졌다. 절름발이에 장님이 된 그는 사람이 많이 다니는 곳을 피하여 홀로 방랑의 삶을 살다가 최후를 마쳤다.

익은 벼는 고개를 숙인다

조선시대 유명한 의적 장길산은 재산이 많다고 으스대며 주변 사람들을 함부로 대한 부호의 집을 습격한 후 벌벌 떠는 주인에게 "너의 재산 자랑이 오늘의 화를 불렀다. 고개를 숙이고 있지 않은 벼는 아직 익지 않은 벼이다"라고 호통쳤다. 익을수록 고개를 숙이는 사람이 정말 익은 사람이다.

오만은 공을 없앤다

어느 정도 성공을 거둔 사람들에게 나타나는 첫 번째 적은 자만심이다. 자만심은 교만한 마음으로 쉽게 전이된다.

중국 춘추전국시대 조나라의 어느 관리가 큰 공을 세우고 스스로 공로를 내세우고 다닐 때 한 사람이 충고를 했다.

"세상에는 잊어서는 안 될 것과 잊어야 할 것이 있습니다."

"그것이 무엇이오?"

"다른 사람에게 은혜를 입은 것은 잊어서는 안 되고, 은혜를 베푼 일은 잊어야 합니다. 지금 그대는 자신의 공(功)만 내세우고 다니니 반드시 추락할 것이 걱정됩니다."

관리는 이 말을 듣고 크게 반성했다. 『채근담』에서는 "세상을 뒤엎을 만한 공로도 스스로 자랑하는 것 하나를 당하지 못한다"라고 말하며 결코 교만에 빠지지 말라고 가르친다.

하늘을 난 개구리

자기 자랑과 함께 사라지다

연못가에 살던 개구리 무리 중에 머리가 뛰어난 개구리 한 마리가 있었다. 그 개구리는 하늘을 날아다니는 새들을 몹시 부러워하며 자기도 하늘을 날고 싶어 했다.

어떻게 하면 하늘을 날 수 있을까 생각하던 개구리는 어느 날 하늘을 날고 있는 새 한 마리에게 부탁했다.

"새야! 내가 하늘을 날도록 도와줘."

새가 물었다.

"어떻게 하면 네가 하늘을 날도록 도울 수 있지?"

"여기 나뭇가지가 하나 있어. 네가 이 나뭇가지의 한쪽 끝을 물고, 나는 다른 쪽 끝을 물고 있을게. 네가 나뭇가지를 물고 날면, 나도 함께 날게 될 거야."

　새는 개구리의 부탁을 들어주었다. 개구리는 하늘을 날았다. 이 모습을 본 다른 개구리들이 부러워하면서 "야, 그런 멋진 생각을 누가 했니?" 하고 소리쳐 물었다. 새와 함께 나뭇가지를 물고 하늘을 날던 개구리는 이 질문이 들리자 우쭐해져서 자기 자랑이 하고 싶었다. 그래서 크게 입을 벌려 "내가 했지!!"라고 대답했다. 그와 동시에 개구리는 하늘에서 땅으로 떨어져 내렸다. 비명 소리가 연못가에 퍼졌다.

재주만 믿다 목숨을 잃은 원숭이

오(吳)나라 왕이 산에 올라 원숭이들을 잡으려 하자 원숭이들이 모두 놀라 산속 깊이 도망쳤다. 그런데 한 마리가 왕 앞에서 온갖 재주를 부리며 왕을 놀렸다. 왕은 신하들에게 화살을 쏘아 원숭이를 잡도록 했다. 그리고 말했다. "이 원숭이는 재주가 뛰어났지만 그 재주를 믿고 함부로 하다가 목숨을 잃은 것이다."

자기 혼자 컸다고 생각하는 사람은 크게 될 자격이 없다

"내가 다 했다", "나 혼자 했어", "내가 1등 공신이야", "내 말대로 했으니 된 거야", "내가 하지 말라고 말렸기에 그나마 다행이지…", "내가 중간에라도 참여했으니 이 정도라도 했지" 등등 자신을 내세우고 자랑하는 모습들을 흔히 본다. 재능에 대한 지나친 과신과 자랑은 삼가는 것이 좋다. 좋은 재능은 자연스럽게 인정된다.

　자만심이 지나치게 되면 다른 사람들의 공헌을 무시하게 되고 그것이 지나치면 다른 사람들의 희생을 자기 것으로 가로채는 말과 행동도 거리낌 없이 하게 된다. 그런 언행을 자주 하면 곧 성장의 한계에 부딪친다.

더 큰 부자와
더 빠른 총잡이는 항상 있다
———

우물 안의 개구리

중국 서진 시대 황제의 인척인 왕개(王愷)는 권력의 힘을 빌려 엄청난 부를 축적했다. 그는 세상에 자기만큼 많은 부를 거머쥔 사람은 없다고 생각했다. 한번 걸친 옷은 다시 입지 않았고 각종 산해진미는 딱 한 순갈만 맛보고 버리도록 하며 온갖 사치를 일삼았다.

어느 날 자신의 부를 자랑하기 위하여 사람들을 초대하고 대접하던 중 한 손님이 술에 취해 비틀거리다 그만 커다란 수정 막대기를 깨트려버렸다. 그 수정 막대기는 왕개가 매우 아끼는 것이었다. 왕개가 낙담하는 표정을 짓자 수정 막대기를 깬 사람이 말했다.

"제가 내일 몇 개 새 것으로 가져다 드리지요."

왕개는 화를 내며 답했다.

"말도 안 되는 소리 하지 마시오. 이렇게 큰 수정 막대기는 온 세상을 뒤져도 결코 없을 거요."

다음날 아침 왕개의 집으로 어제 깨어진 것보다 더 큰 수정 막대기들이 몇 개나 배달되어 왔다. 왕개는 깜짝 놀라 말했다.

"내가 우물 안의 개구리(井中之蛙)였구나. 내가 자랑했던 부가 너무나 부끄럽도다."

왕개에게 수정 막대기들을 보낸 인물은 중국에서 부(富)의 대명사로 불리던 인물로 해상 무역과 운송으로 큰 부를 일군 석숭(石崇)이었다.

자신감을 갖는 것은 결코 나쁘지 않다. 그러나 지나친 과시나 겸손하지 못한 것은 자신이나 남에게 결코 도움이 되지 않는다. 지혜로운 사람은 자기 자랑을 하지 않는다. 자기 자랑을 하는 순간 자랑하고자 하는 것들의 가치가 떨어지며 다른 사람들의 질투와 시기의 대상이 됨을 알기 때문이다.

부와 학식은 시계와 같다

『탈무드』에는 "부와 학식은 시계와 같다"라는 말이 있다. 필요한 때 꺼내보는 시계처럼 부와 지식은 필요할 때 활용할 수 있어야 한다는 것이다. 아무리 금으로 장식한 시계라도 아무 때나 꺼내 보이고 자랑하면 비웃음을 산다.

진정한 부와 참 지식이란 함부로 자랑하는 것이 아니다. 작은 성공으로 교만하지 않고 조금 아는 것들로 세상의 모든 것을 판단하려 하는 언행은 자제하여야 한다.

"더 빠른 총잡이는 항상 있다." 미국 서부 개척시대, 총을 잘 쏘는 사람들이 스스로를 경계하기 위해 마음에 품고 다닌 구절이다.

누구에게라도 묻는 것이
어째서 부끄러운가?

___

불치하문

어느 날 공자가 노나라 국왕의 사당인 태묘(太廟)에 가서 노나라 선조들에게 제사지내는 의식에 참가했다. 공자는 이때 태묘에서 일하는 사람들에게 의식의 절차와 왜 그러한 의식을 하는지에 대해 이것저것 궁금한 것을 물어보았다. 그러자 어떤 사람이 공자의 그 같은 모습을 비웃으며 "아무나 붙잡고 사사건건 묻고 다니니 도대체 예의를 알고 있는 것 같지 않다"고 말했다.

공자는 사람들의 의논이 분분한 것을 듣자 이렇게 말했다.

"내가 비록 태묘에서라도 잘 알지 못하는 것에 대해 묻는 것은 예(禮)를 제대로 알고자 함이다."

공자는 언젠가 자기 잇속만 챙긴다고 평가받는 한 사람에 대해 "그는 지위가 자기보다 낮거나, 학식이 자기보다 적은 사람에게 물어보는 것을 부끄럽게 여기지 않았다(不恥下問, 불치하문)"고 말하며 칭찬한 적이 있었는데, 태묘에서 공자는 앎을 위해 기꺼이 자신을 낮추는 모습을 직접 보여준 것이다.

앎에 대한 소인배와 대인배의 차이

공자는 또 '모르는 것을 모른다 하고 아는 것을 안다고 하는 것이 앎

(知)'이라고 가르쳤다. 소인배는 모르는 것을 묻는 것을 부끄러워하고 몰라도 아는 체하며 조금 아는 것을 많이 아는 것처럼 과장한다. 다른 사람의 지식을 내 것인 양 포장하기도 한다.

불문불청(不聞不聽). 묻지 않으면 들을 수 없다. 또 듣지 않으면 깨달을 수 없다.

진정한 앎을 향해 가는 사람은 자신이 지닌 지식에 자만하지도 않지만 다른 사람들의 지혜와 지식에 대해 함부로 평하지도 않는다.

04

우유부단

진짜 문제는 문제에 대해
고민만 하고 있는 것

우유부단

"죽느냐 사느냐 그것이 문제로다"라는 대사는 셰익스피어의 희곡 작품 『햄릿』에서 주인공 햄릿이 고뇌하며 내뱉는 독백이다. 혼령으로 나타난 아버지가 억울한 죽음의 원수를 갚아달라고 부탁하지만 햄릿은 복수를 다짐하고도 결정적 순간마다 이럴까 저럴까 고민만 반복한다.

햄릿은 "이런 우유부단함이 사람들을 비겁하게 만들지…"라고 스스로의 우유부단함을 꾸짖으면서도 해야 할 행동을 제때 하지 않는다.

비록 희곡이지만 우유부단한 햄릿의 행동은 주변 인물들의 갈등을 증폭시키고 자신뿐만 아니라 그를 사랑하는 여인을 비롯해 많은 이들의 목숨을 잃게 만든다.

햄릿은 문학의 세계뿐만 아니라 실제 생활에서도 우유부단함을 특징으로 보이는 사람들을 지칭한다. 우유부단은 자신의 주관 없이 남들이 하자는 대로 하면서 자신의 말과 행동이 분명하지 않은 경우를 말한다. 물에 물 탄 듯 술에 술 탄 듯하다는 말과 유사하다.

중요한 결정을 내려야 하는데도 어물거리기만 하고 결단을 내리지 못한다면 자신은 물론 주변 사람들도 곤란해진다.

수많은 병법서들에서는 한결같이 "장수의 위엄은 명을 번복하지 않는 데서 나오고, 후회는 우유부단한 데서 나온다"라는 지적을 한다. 삼성그룹의 창업주 고 이병철 회장은 이런 말을 했다. "나는 평생을 통해 안일(安逸)과 우유부단(優柔不斷)의 생활태도를 가장 싫어한다. 결단력이 없는 경영자에게 권위는 없다."

거기부정 필패

우유부단함은 그러한 특징을 보이는 한 사람의 문제로 끝나는 경우가 드물다. 리더가 제때 필요한 행동을 못한다면 관련된 많은 사람들의 행동이 지체되고 지체된 행동은 더 큰 영향을 가져올 수 있기 때문이다.

춘추시대 위나라 대부 대숙의(大叔儀)는 우유부단한 주군에게 "바둑을 두는 사람이 바둑알을 들고 머뭇거리며 두지 못하면(舉棋不定) 반드시 지고 만다"라고 경계했다.

'사느냐, 죽느냐'를 결정하는 것보다 "사느냐 죽느냐가 문제로다"

하면서 고민만 하고 있는 것 자체가 진짜 문제다.

갈림길이 많으면
길을 잃기 쉽다

다기망양

양자(楊子)는 중국 전국시대 제자백가 중 한 명이다.

어느 날 이웃집의 양 한 마리가 도망쳐 나갔다. 집안 사람들이 모두 나서서 도망친 양을 찾았지만 양을 발견할 수 없었다. 이웃 사람은 양자의 집에 도움을 청하러 왔다.

양자가 물었다. "양 한 마리를 찾는데 이렇게 많은 사람이 필요합니까?" 이웃 사람이 말했다. "갈림길이 너무 많기 때문입니다."

양자는 제자 한 명에게 도와주라고 일렀다. 한 참 후 양을 찾는 것을 도와주러 나갔던 제자가 돌아왔다.

"양을 찾았느냐?"

"찾지 못했습니다."

"왜 못 찾았느냐?"

"하나의 갈림길을 택하여 가면 또 갈림길이 있어, 양이 어느 길로 도망쳤는지 알 수 없게 되었습니다. 그래서 단념했습니다."

『열자(列子)』에 나오는 '다기망양(多岐亡羊)' 이라는 고사의 내용이다.

다기망양은 갈림길이 많아서 길을 잃어버린다는 뜻이다. 학문을 하는 데 길이 많아 진리를 찾기 어려움을 뜻하기도 하고, 어떤 일을 하는 데 있어서 그 본뜻이나 목적을 망각하고 그 외의 부수적인 것에 구애를 받아 얻고자 하는 것을 얻을 수 없게 되는 상황을 의미하기도 한다.

일을 하는데 방향과 방법을 제대로 찾지 못하는 것은 주변 환경의 탓도 있지만, 많은 경우 개인의 잡념과 할 필요 없고 중요하지도 않은 것에 자주 관심을 옮기는 다기망양 때문일 때가 많다. 목표를 설정하고 실천 행동에 우선순위를 정하는 것이 중요하다고 강조하는 것은 다기망양이 발생되는 것을 막기 위해서이기도 하다.

윤형방황

주변만 맴맴 돌다

알프스에서 어떤 사람이 길을 잃고는 13일 동안이나 방황하다 구출되었다. 그런데 이 사람은 매일 12시간씩을 걸었는데도 나중에 알고 보니 길을 잃은 장소로부터 반경 6km 이내에서만 왔다 갔다 했다고 한다.

실제로 사람은 눈을 가리면 똑바로 걷지 못한다. 20m를 걸으면 중심선에서 4m 정도의 간격이 생기고 100m 정도를 걷게 되면 이미 큰 원을 돌고 있는 걸음걸이가 된다.

이런 윤형방황(輪形彷徨) 현상은 독일어로 링반데룽(Ring Wanderung)이라는 말로도 잘 알려져 있는데, 오지를 탐험하거나 겨울에 눈 덮인 높은 산을 등반하는 사람들이 특히 경계해야 할 현상이다. 사람이 눈을 감거나 어두운 곳, 낯선 곳에서는 방향감각이 둔해지거나 아예 상실되기 때문이라고 생리학자들은 말한다.

우리의 삶에서도 이런 윤형방황 현상을 겪는다. 무언가를 새롭게 하고자 마음먹고 노력했지만 되돌아보면 그 자리에 멈추어 선 채 주변을 맴맴 돌고만 있을 때가 있다.

그런데 눈을 가리고 비교적 똑바로 걷는 두 가지의 비결이 있다고 한다. 하나는 자기가 생각하는 방향대로 성큼성큼 과감하게 걷는 것이며, 또 다른 비결은 약 30걸음 걸어간 후 잠깐 멈추었다가 다시 새 출발하는 기분으로 또 30여 걸음을 걷는 것이라고 한다.

새로운 결심을 하고 새로운 일을 시작하자마자 다시 옛날과 같은 생활로 되돌아가지 않기 위해서는 자기가 정한 목표를 향해 망설이지 말고 성큼성큼 전진해나가야 한다. 그리고 잠시 멈춰 새로이 목표를 정립하고 마음가짐을 새롭게 하여 다시 출발하는 것이다.

다른 것에 정신이 팔리면 본래의 뜻을 잃는다

시인이 되기를 포기한 사람

한 사람이 시인이 되기로 마음먹었다. 그런데 시인이 되려면 여행을 많이 해서 시적 감흥을 얻을 수 있는 것들을 듣고 보고 겪어야 한다는 말을 듣고 우선 여행부터 다니기로 했다. 여행을 다니려면 돈이 필요했다. 그래서 돈을 많이 벌 수 있는 직업을 찾기로 했다. 한 직업을 택했으나 그다지 많은 돈은 벌지 못하고 몸만 힘들었다.

다른 직업을 택했다. 이 직업은 전의 직업보다 수입도 적고 더 힘들었다. 고민 끝에 세 번째 직업을 택했다. 힘은 들었지만 돈은 많이 벌었다. 그런데 힘들게 모은 돈을 여행을 다니면서 쓰기는 싫다는 생각이 들었다. 그래서 시인이 되는 것을 포기하기로 했다.

쓸데없는 것에 정신이 팔리면 소중한 뜻을 잃는다

중국 주(周)나라를 세운 무왕(武王)에게 서역에서 진귀한 개 한 마리를 선물했다. 무왕은 침식을 잊은 채 개를 돌보며 놀았다. 아직 나라를 세운 초기라 할 일이 산더미같이 많은데도 불구하고 왕이 개와 노는 데 정신이 팔려 있자 한 신하가 나섰다.

그는 왕에게 다정히 물었다. "대왕 마마, 이 개를 어떻게 돌보시기에 이토록 멋지고 영특합니까?"

무왕이 얼굴 가득 환한 웃음을 띠며 "내가 아침마다 직접 고기를 갈아 먹이고 낮에는 들판을 같이 뛰어다니고 잘 때는 침실 옆에 푹신한 자리를 깔아주고 애지중지하며 키운다네."

신하가 엄숙한 얼굴로 무왕에게 다시 말한다. "대왕마마, 하물며 개 한 마리를 그토록 신경 쓰시고 키우시면서 개보다 수천, 수만 배 중요한 백성과 신하들은 무엇을 먹고 어디에서 자며 무엇을 하고 있는지 어찌하여 전혀 신경 쓰시지 않는지요?"

무왕은 신하의 말을 듣고 문득 깨달아 당장 개를 갖다 치우라고 명했다.

『서경(書經)』에 나오는 이야기로 "쓸데없는 것에 정신이 팔리면 소중한 뜻을 잃을 수도 있다(玩物喪志, 완물상지)"는 것을 가르쳐준다.

어설픈 흉내만 내서는 아무것도 이루지 못한다

흉내 잘 내는 소년

중국 연(燕)나라에 다른 사람들의 흉내를 내는 것을 즐기는 소년이 있었다. 소년은 아침에 일어날 때도 다른 사람이 일어나는 모습을 본 후 하품까지 흉내 내며 일어났고, 밥을 먹을 때도 할아버지나 아버지의 밥 먹는 모습 그대로를 따라 하며 먹었다.

서당에 가 글을 읽을 때도 앞에 앉은 아이의 목소리 그대로 글을 읽었고, 다른 아이가 조는 모습을 보면 그대로 따라 하며 졸았다. 걸음걸이도 동네 어느 바보의 모습을 그대로 따라 하며 걸었다. 스스로의 모습이라고는 무엇 하나 없었다. 친척과 이웃들이 조롱하여도 소년은 전혀 귀를 기울이지 않았다.

오랜 세월이 흘러 그는 자신의 바보 걸음걸이가 마음에 들지 않고 추하게 느껴졌다. 걸음걸이를 바꾸어야겠다고 생각한 어느 날 길에서 사람들이 "한단(邯鄲) 지역 사람들의 걸음걸이가 매우 우아하다"고 말하는 이야기를 들었다.

그는 가족 몰래 먼 한단 지역으로 걸음걸이를 배우러 갔다. 한단은 눈부실 정도로 번화한 도시였다. 어린이의 걸음걸이를 보아도 활발하고 우아해 보였고, 여자들의 걸음걸이에서는 아름다운 교태가 넘쳐났다. 청년들의 걸음걸이는 힘차 보였으며 노인의 걸음걸이는 중후해 보였다. 그는 한단 사람들의 걸음걸이를 하나하나 흉내 내기 시작했다.

보름이 지나자 그는 걸음걸이가 꼬여 엉금엉금 기어다녀야 했다. 여비가 떨어진 그는 엉금엉금 기는 자세로 간신히 고향으로 돌아왔다.

'한단 사람들의 걸음을 배우다(邯鄲學步, 학단학보)' 라는 고사로 뚜렷한 주관과 목적의식 없이 단순하게 다른 것을 모방만 해서는 장점도 배우지 못할 뿐만 아니라, 고유의 특색까지 잃게 된다는 메시지를 들려준다.

05

미움과 분노

마음속의 '미늘'

이해와 사랑의 공식

5+3=2. 2+2=4. 어떤 오해도 세 번 생각하면 이해할 수 있고, 이해와 이해가 모이면 사랑이 된다는 것을 비유한 수식이다.

우리는 살아가면서 다른 사람을 오해할 때가 있고, 오해를 받기도 한다. 오해는 대개 잘못된 선입견, 편견과 이해의 부족에서 생기고 결국 잘못된 결과를 가져온다. 사실, 지식에 대한 오해는 잘못된 판단으로 인한 기회비용의 낭비를 초래하며, 사람들 사이의 오해는 절친한 사이를 갈라놓고 소중했던 관계를 깨뜨리기도 한다.

이해는 영어로 'understand'라고 하는데 이것은 다른 사람 밑에 선다는 뜻이다. 다른 사람의 입장에서 서서 생각하고 바라보는 것이 이해라는 것이다.

마음속의 미늘은 필요 없는 무거운 짐을 지고 산을 오르는 것
마음에 '미늘'을 갖고 사는 사람들이 있다. 미늘이란 낚시 바늘의 끝에 있는 꼬부라진 부분을 말한다. 낚시 바늘에 걸린 고기가 빠져나가지 못하는 것은 바로 미늘 때문이다.

　마음의 미늘은 다른 사람을 용서하지 못하고, 오해에서 벗어나지 못하게 한다. 마음속의 미늘은 자신도 힘들게 한다. 아무런 쓸모없는 무거운 짐을 지고 높은 산을 오르면 더 힘이 든다. 마음속에 미늘이 있다면 버리는 것이 낫다.

제갈공명의 부채

현명한 아내의 조언
제갈공명의 아내 황 씨는 덕과 재능이 뛰어났다. 그녀는 형주의 뛰어난 학자이자 명사인 황승언의 외동 딸이다.

　제갈공명은 어느 날 "내 딸이 비록 잘난 외양은 아니나 재기가 뛰어나 자네와 어울린다고 생각하네" 하는 황승언의 결혼 권유를 그 자리에서 받아들였다.

고을 사람들 그 누구도 재주 있고 남자다운 제갈공명이 못생긴 아내를 맞이하리라고는 전혀 생각하지 못했다.

제갈공명은 아내 황 씨가 선물한 흰색 깃털 부채를 늘 지니고 다녔다. 그녀가 제갈공명에게 부채를 선물한 이면에는 감정을 밖으로 드러내지 말라는 당부가 담겨 있었다.

아내 황 씨는 제갈공명에게 "당신은 뜻이 크고 지혜도 깊은 사람이지만 다른 사람과 이야기할 때 살펴보니 좋고 싫은 감정이 얼굴에 그대로 드러났습니다. 유비에 대해 이야기할 때면 표정이 환해졌지만, 조조에 대해 말할 때면 그를 미워한다는 감정이 드러나며 미간을 찌푸렸습니다. 손권을 말할 때면 고뇌하는 표정이 보이기도 했습니다. 큰일을 도모하려면 사람을 미워하는 감정을 쉽게 드러내지 말고 침착해 보여야 합니다. 이 부채를 드릴 테니 사람들과 얘기하다가 감정의 변화가 일어나면 얼굴을 가리도록 하세요."

제갈공명은 아내의 깊은 뜻을 읽고 스스로 반성하며 고맙게 부채를 받았다. 부채는 표정을 감추는 데도 요긴하게 사용했지만 부채질을 하면 머리도 맑아짐을 느꼈다.

그녀는 마음이 고요해야 태연함과 이성을 유지할 수 있다는 것을 잘 알고 있었다. 제갈공명의 학문 역시 그녀의 도움을 얻은 바가 컸다.

제갈공명이 유비의 유지를 받들어 전쟁을 수행하다가 진중에서 아쉽게 사망하자, 소식을 들은 아내도 뒤이어 세상을 떠났다. 그녀는 임종을 지킨 아들 첨에게 "부디 충효에 힘써라"라는 한마디 말만을 남겼다고 한다.

태워 없애야 할 것은
마음속 노여움

없애야 할 것을 없애야 한다

한 고행자가 장작을 쌓아놓고 그 위에 올라앉아 불을 붙였다. 고행자는 팔과 다리, 그리고 이마와 가슴에서 폭포처럼 땀을 쏟아내면서 심한 고통을 느꼈지만, 용케 견디고 있었다.

그때, 그곳을 지나던 한 여승이 고행자의 모습을 보고 다가가 말했다. "그대는 먼저 불에 태워야 할 것은 태우지 않고, 태우지 말아야 할 것은 열심히 태우고 있군요."

고행자는 이 말을 듣고 분개하여 말했다. "못난 여승이 내가 고행을 쌓는데 감히 끼어들다니 괘씸하구나. 그래, 네가 말하는 먼저 태워야 할 것은 무엇이란 말이냐?"

여승은 아무런 표정 변화 없이 조용히 말했다.

"먼저 태워야 할 것은 지금처럼 쉽게 노여워하는 마음입니다. 그 노여움을 태워버려야 당신은 진정한 수행을 시작할 수 있을 것입니다. 소가 짐수레를 끌 때 진흙에 빠진 수레가 굴러가지 않으면 소가 힘을 내도록 채찍질하거나 수레를 들어올려 주어야지, 수레바퀴를 채찍질해서야 되겠습니까? 육체는 수레와 같은 것이고 마음은 소와 같은 것입니다. 당신은 죄 없는 육체를 괴롭힐 것이 아니라, 노여움을 쉽게 일으키는 그 마음에 채찍을 가하고 먼저 태워버려야 할 것입니다."

이 말에 고행자는 깊이 깨닫고 불길을 빠져나온 후 여승 앞에 무릎을 꿇었다.

사소한 것에 화내지 않는다

"모기를 보고 칼을 휘두른다(見蚊拔劍, 견문발검)"는 말이 있다. 앵앵거리는 모기에 노하여 칼을 휘두름을 비웃는 말이다. 지혜로운 사람은 작은 일에 좀처럼 화를 내지 않지만 성미가 급한 사람은 쉽게 화를 내어 어리석음을 드러낸다.

사람들의 과욕과 과실, 무지로 인해 잘못된 결과가 나타났을 때 같은 시행착오가 발생되지 않도록 주의를 주는 것은 중요하다. 하지만 지나칠 정도로 화를 내어 심리적 손상을 주는 것은 바람직하지 않다. 그리고 '건드리면 폭발할 것 같은' 분위기를 유지하는 것도 옳지 않다.

화를 내기 전에 스스로를 돌아보아야 한다. 힘들게 건너온 다리를 화를 내어 불태워서는 안 된다. 잘못된 것을 지적할 때에는 사람 자체에 대한 감정적 비난은 하지 않고 바람직한 개선 방향 중심의 이야기를 나누는 것이 좋다. 또 잠시만 시간적 간격을 두면 처음에 용서하기 힘들었던 구성원의 행동을 납득하게 될 수도 있다. 노여움이라는 칼은 함부로 휘두르면 안 된다. "모든 것은 다 사소하다"라고 인식하고 행동할 수준까지는 되지 않더라도 누가 보아도 지극히 사소한 것에 화를 낸다면 이는 말 그대로 '사소한 것에 목숨 거는' 것처럼 보일 뿐이다. 사소한 것에 칼을 잘못 휘두르면 자신이 다친다.

말과 글로
적을 만들지 말라

저 난로 속에 편지를 던지시죠

어느 날 국방장관 스탠턴이 편지 한 통을 들고 링컨의 집무실로 찾아왔다. 편지는 스탠턴이 자신의 말을 듣지 않는 어느 장군을 질책하는 내용이었다. 스탠턴은 링컨 앞에서 편지를 읽기 시작했다. 링컨은 스탠턴이 편지를 읽는 동안 고개를 끄덕이며 공감을 표해주었다. 편지를 다 읽자 링컨이 물었다.

"이제 그 편지를 어쩌실 테요?"

"당장 보내야죠!"

링컨이 스탠턴을 바라보며 말했다.

"스탠턴, 방금 내 앞에서 편지를 읽는 동안 마음이 좀 풀리지 않으셨소?"

"아, 조금 풀리기는 했죠."

링컨이 나지막한 목소리로 권했다.

"그러면 이제 그 편지를 저 난로 속에 넣어버리는 게 어떻겠소?"

링컨은 이렇게 말했다.

"다른 사람의 나쁜 점을 말하면 언제나 자신에게 손해를 가져옵니다. 상대의 좋은 점을 말하세요. 그것은 서로에게 이로운 행동입니다."

못은 뽑아도 못 자국은 남는다

다른 사람에 대한 평가와 판단에는 자신의 시각이 개입된다. 도둑의 눈으로 보면 도둑이 보이고 천사의 눈으로 보면 천사가 보인다. 사람의 말은 자신의 입을 떠나면 자신의 것이 아니며, 자신의 입을 떠난 말을 통해서 자신의 인격이 평가받게 된다.

말은 겉으로 드러나는 육체에 상처를 입히지는 않지만 마음에 상처를 입힌다. 그 상처는 치유되기 어렵고 상처를 입힌 사람을 적으로 삼게 된다. 못은 뽑아도 못 자국은 남는다.

해와 달을 욕해보았자 무슨 의미가 있겠느냐?

그것은 스스로를 표현하는 것

어느 대학의 언어학 교수가 실험을 했다. 석가모니, 공자, 예수님의 얼굴 사진이 붙은 팻말 아래에 빈 종이를 두고 이분들을 평소 어떻게 부르는지 써달라는 것이었다.

지나가는 사람들이 자유롭게 썼다. 하루 동안 사람들이 쓰게 한 후 종이를 떼어 읽어보니 '존경하는', '사랑하는' '위대한' 을 앞에 붙인 명칭에서부터 감히 글로 옮길 수 없는 욕까지 참으로 다양했다.

교수는 종이를 촬영한 사진을 학생들에게 보여주고 느낌을 물었다. 한 학생이 답했다.

"세 분들을 부르는 명칭이 아니라 바로 자기 자신을 대하는 명칭을 비춰주는 것 같습니다."

교수가 덧붙여 말했다. "언어는 바로 자기 자신의 얼굴이다. 다른 이에게 '님' 자를 붙이는 사람은 스스로 다른 이에게 존중받을 것이며, 다른 이에게 '놈' 자를 붙여 부르는 이는 스스로도 '놈'의 취급을 받을 것이다."

둘째손가락으로 누군가 흉을 볼 때 셋째, 넷째, 다섯째 손가락은 나를 향하고 있다
수녀원에서 달아난 수녀는 자기가 있던 수녀원에 대해 험담하고, 사람들은 수녀원을 험담하는 그녀를 비웃는다. 공자는 "사람이 비록 해와 달과 인연을 끊으려 해도 그것이 해와 달과 무슨 상관이 있겠으며, 해와 달에게 손가락질하고 욕한다 한들 그것이 해와 달에게 들리겠느냐?"고 말했다.

훌륭한 사람은 못난 사람이 아무리 비난하여도 손상을 입지 않는다. 훌륭한 사람을 욕하는 사람의 모습만 더욱 초라해지고 스스로 자기 가치를 손상시킬 뿐이다.

06

편견과 부정적 사고

천사의 시선과
돼지의 시선

의심생암귀

어떤 사람이 가지고 있던 도끼를 잃어버렸다. 누군가가 훔쳐간 것이 아닐까 생각해보니 옆집 아들이 수상했다. 자기만 보면 슬금슬금 피하는 것 같아 보이고 표정이나 말투도 어딘가 겁을 먹고 있는 듯했다.

그래서 옆집 아들이 틀림없이 도끼를 훔쳐간 것이라고 생각했다.

그런데 어느 날 산에서 나무를 하다가 잃어버린 도끼를 찾게 되었다. 자기가 나무를 하러 갔다가 두고 온 것이었다. 다시 찾은 도끼를 가지고 집으로 돌아오다 이웃집 청년과 마주쳤는데, 이제는 그가 전혀 수상해 보이지 않았다.

『열자(列子)』에 나오는 의심생암귀(疑心生暗鬼)라는 이야기로 의심하는 마음이 생기면 있지도 않은 귀신까지 만들어낸다는 메시지를 전하여 준다.

부자의 다른 평가

송나라에 어떤 부자가 있었다. 어느 해 여름 큰 장마로 인해 담장이 무너졌다. 부자의 아들이 "담장을 빨리 수리하지 않으면 도둑이 들지도 모릅니다" 하고 말했다. 이웃에 사는 노인도 무너진 담장을 보고서는 같은 충고를 해주었다.

그런데 며칠 후 수리를 시작하지 않은 담장을 넘어 집에 도둑이 들었다. 부자는 아들에게는 "도둑이 들지 모른다고 말한 것을 보니 네가 선견지명이 있구나" 하고 칭찬하고, 담을 고치라고 충고한 노인에 대해서는 "그 노인이 도둑일지도 모르겠군" 하고 오히려 수상하게 여겼다.

『한비자(韓非子)』에 실린 이야기로 사람이 쉽게 편견에 빠져 잘못된 판단을 할 수 있음을 보여준다.

줄어든 술병

어느 집에서 청소, 요리를 도와주는 가정부를 새로 고용했다. 그런데 어느 날부터 주인은 술병의 술이 조금씩 줄어드는 것을 발견했다. 가정부가 그 술을 몰래 먹는다고 생각한 주인은 술에다 소금과 물을 섞어두며 그 양을 확인했다. 며칠 후 술병의 술이 또 줄어든 것을 발견했다.

그래서 가정부를 불러 왜 몰래 술을 마시느냐며 야단을 쳤다.

가정부가 답했다.

"저는 술을 마시지 않고 요리하는 데 조금씩 사용했는데요."

춥다고 생각하면 춥게 느껴진다

상온에서 얼어 죽다

철도 역무원 닉은 매우 건강한 사람이었다. 그는 매우 원만한 사람으로 가정과 일에 모두 충실했다.

어느 여름날, 그와 같은 역에서 일하는 동료들은 모두 한 동료의 생일 파티를 위해 한 시간 일찍 퇴근을 하기로 했다. 그러나 닉은 한 시간 일찍 퇴근하지 않았고, 이 사실을 모르는 직원들은 닉이 아직도 냉동차량에서 일하고 있다는 사실을 잊은 채 냉동차 문을 잠그고 파티 장소로 갔다.

닉은 자신이 냉동차에 갇혔다는 사실을 뒤늦게 알고는 문을 두드리며 소리를 질렀지만 아무 소용도 없었다. 절망에 빠진 그는 냉동차의 나무 바닥에 칼로 글을 새겼다. '너무나 추워 온몸이 뻣뻣해지는 것 같다. 차라리 그냥 잠들었으면 좋겠다. 아마도 이게 나의 마지막이 될 것이다.'

다음날 아침 역무원들은 닉의 주검을 발견했다. 그의 사망원인은 냉동사였다. 그러나 이상한 것은 닉이 냉동차에 갇혀 있던 그날 밤 차량의 냉동장치는 작동하지 않았으며, 차 안의 온도계도 섭씨 13도를 가리키고 있었다. 죽을지도 모른다는 공포감이 사람의 체온을 실제로 점점 낮춰갔고 결국에는 얼어 죽게 만든 것이다.

자신의 무지에 스스로 속아 절망에 빠지지 않아야

위의 이야기는 극단적인 예이긴 하지만 사람의 마음가짐이 얼마나 엄청난 것인가를 생각하게 해준다. 남에게 속는 것보다 더 힘들고 무서운 것은 자신의 무지에 속는 것이다.

사람은 누구나 '선입견'과 '편견'이라는 두 마리의 개를 키우며 스스로가 만든 고정관념이라는 감옥에 갇혀 산다고 한다. 잘못된 선입견은 판단의 정확성을 흐리게 한다. 부정적 편견으로 세상을 바라보면 부정적인 것만 눈에 들어오며, 어떤 것이라도 부정적 해석을 하게 되고 결국 '절망'이라는 결론에 도달한다.

마틴 루터 신부는 "새가 우리의 머리 위를 날아가는 것을 막을 수는 없다. 그러나 새가 우리의 머리에 집을 짓는 것은 막을 수 있다. 마찬가지로 나쁜 생각이 우리 머리에 자리 잡는 것을 물리칠 수는 있다"고 말했다. 부정적 시각으로 세상을 해석하는 버릇이 있다면 과감히 줄이거나 버릴 필요가 있다.

07

허례허식

소박한 삶의 태도가
보여주는 가치

가식 없는 풍성한 마음의 여유

이스라엘을 건국한 정치인 중 한 명인 골다 메이어 여사는 1969년부터 1974년까지 이스라엘의 총리를 역임했다. 그녀는 1980년대 영국의 마거릿 대처 총리가 이 별명을 이어받기 전까지 '철(鐵)의 여인'이라고 불리며 이스라엘을 여러 번 전쟁의 위기에서 구해낸 인물이다.

그녀가 은퇴 후 한가로운 생활을 하고 있을 때 미국의 할머니 한 분이 그녀의 집을 방문했다. 두 사람은 골다 메이어 여사가 젊은 시절 함께 초등학교에서 교사 생활을 한 인연이 있었다.

여사의 집을 방문한 미국 할머니는 자신의 눈을 의심했다. 한 국가의 총리를 지낸 사람의 집이 초라하기 이를 데 없었던 것이다. 침실이 서재요 응접실이었고, 침실 한쪽에는 낡은 책상 하나가 식탁으로도 사용되고 있었다. 식사 역시 간단하게 차려진 한 가지 음식뿐이었다. 그러나 골다 메이어 여사는 누구보다도 행복한 미소를 띠고 생활하고 있었다. 그녀의 마음과 태도는 누구보다 풍성해 보였다.

골다 메이어 여사를 방문한 할머니는 여사의 허식 없는 소박한 삶에서 진정한 힘이 뿜어져 나옴을 느낄 수 있었다.

한국의 고 정주영 현대그룹 회장은 중요 행사에 비서 없이 혼자 참석하여 주변 사람들과 소탈한 대화를 나누었다. 행사장 등에서 정주영 회장의 낡은 양복과 오래된 구두, 소박한 식사 모습을 직접 본 사람들은 거꾸로 자신들의 허례허식을 반성하는 계기로 삼기도 했다.

물질적으로 부족한 것 없이 갖추고 사는 삶이 결코 나쁜 것은 아니다. 마찬가지로 필요하지도 않은 것들 없이 사는 삶 역시 불행한 것은 아니다.

공자는 "뜻을 세운 군자가 남루한 옷과 거친 음식을 부끄러워해서는 안 된다"고 말했다. 허례허식을 차리기 위해 마음의 여유가 속박당하는 것은 결코 지혜로운 삶이 아니다.

진짜 금에는
도금을 하지 않는다

멋진 뿔을 가진 사슴

어느 날 사슴은 연못에서 물을 마시다 연못 위에 비친 자신의 멋진 뿔을 보았다. '내 뿔은 정말 멋지구나. 그 어떤 동물의 뿔이 나의 뿔보다 아름다울 수 있을까?' 사슴은 스스로 감탄하면서 행복감에 젖었다.

그러다가 시선이 다리에 이르자 그만 못마땅한 생각이 들고 말았다. 가늘고 길기만 한 다리에서는 전혀 멋을 느낄 수 없었다.

"아니, 이 다리는 어째서 이렇게 못생겼을까? 이 못생긴 다리는 나의 뿔과 전혀 어울리지 않아." 사슴은 자신의 뿔을 아름다운 꽃으로 주렁주렁 장식했다. 어느 날 어디선가 사자가 불쑥 나타났다. 사슴은 놀라 도망치기 시작했다. 숨 막히는 추격전이 계속되었다. 뿔을 치장한 아름다운 꽃 장식이 사슴의 발걸음을 무겁게 했다. 그러다 사슴의 뿔이 그만 나뭇가지에 걸리고 말았다. 사슴은 꽃과 뿔만 남긴 채 사자의 먹이가 되고 말았다.

진금부도

유럽의 한 철강회사 사장이 해외 협력업체를 방문했다. 그는 수행비서도 없이 혼자 비행기를 타고 왔다. 협력업체의 사장이 이를 이상히 여겨 혼자 다녀도 불편하지 않느냐고 물었다. 철강회사 사장은 이런 답변을 했다. "수행원들을 거느리고 비행기를 타는 것은 잘사는 나라의 대통령 몇 명만으로도 충분하다고 생각합니다."

대만의 한 대기업 최고경영자는 은퇴할 때까지 직접 자동차 운전을 하고 다녔다. 그는 최고경영자가 과시적으로 수행원을 여러 명 대동하거나 허례허식에 돈을 쓰기 시작하면 회사 전체의 경영이 방만해진다며 최고경영자의 권한은 함부로 돈을 쓰라고 주어지는 것이 아니라고 말했다.

허례허식을 통해 권위를 만들거나 보여줄 수는 있다. 그러나 연출된 권위에 대한 복종과 존경이 가식(假飾)이라는 것은 누구나 알 수 있다. 그것은 오래가지 못한다.

공자께서는 "군자의 사람됨은 겉으로 드러나지 않지만 세월이 흘러감에 따라 차차 나타난다. 소인(小人)은 겉으로는 화려하지만 세월이 지남에 따라 색이 바랜다"라고 말씀하셨다.

진금부도(眞金不鍍)라는 말이 있다. 진짜 금에는 도금할 필요가 없다는 말이다. 허례허식이 없는 사람에게서는 진정한 권위를 느낄 수 있다. 권위는 무슨 심벌로 인해서 생기는 것은 아니며 사람의 내면으로부터 비롯되어야 한다.

08

안일함과 나태, 좋지 않은 습관

갈매기들의
떼죽음

목숨과 맞바꾼 게으름

미국 남서부의 한 어촌에서 어느 날 적지 않은 수의 갈매기들이 동시에 떼죽음한 현상이 발견되었다. 이 어촌은 바다에서 잡은 물고기를 통조림으로 만들어 판매하는 것이 주요 생업이었으므로 갈매기의 떼죽음은 커다란 문제였다. 혹시 바닷물이 오염되어 그 바닷물에서 자란 물고기를 먹은 갈매기들이 죽은 것이라면 그야말로 큰 문제가 되기 때문이었다.

마을 사람들은 빨리 원인을 밝혀야 한다는 데 뜻을 모으고 전문가들을 불러 조사를 부탁했다. 조사 팀은 떼죽음한 갈매기들이 왜 죽었는지 원인을 밝혀내기 위해 심혈을 기울였다. 하지만 뚜렷한 원인을 밝혀내기가 어려웠다. 바닷물은 깨끗했고 물고기들은 오염되어 있지 않았다. 떼죽음을 면한 다른 갈매기들은 여전히 활발하게 바다와 마을 위를 날아다니고 있었다. 그래서 "일부 갈매기들의 떼죽음 원인은 바닷물의 오염 때문은 아니다"라는 결론만 낸 채 조사를 마쳤다.

그러나 얼마쯤 시간이 흐르자 또다시 적지 않은 갈매기들의 동시 떼죽음 현상이 나타났다. 두 번째 조사 팀이 그 원인을 밝혀내기 위해 투입되었고, 그들은 원인을 밝혀낼 수 있었다.

동시에 떼죽음한 갈매기들은 모두 굶어 죽었다는 것이었다. 마을 사람들이 물고기를 잡으면 살이 많은 몸통 부분은 통조림으로 가공하고 나머지 쓸모없는 부분은 바다에 버렸었다. 갈매기들은 이렇게 버려진 것들을 그동안 힘 들이지 않고 먹고 살아왔는데, 얼마 전에 사료공장이 새로 만들어져 그동안 버려지던 물고기 머리와 내장, 꼬리, 지느러미 들을 버리지 않고 활용하게 되자 먹이활동을 쉽게 하던 일부 갈매기들이 스스로 먹이를 잡지 못하고 떼죽음을 하게 되었다는 것이다.

유비무환

갈매기들이 죽은 진짜 이유는 목숨과 맞바꾼 게으름 때문일 것이다. 환경의 변화에 적응하지 못하고 대응능력을 갖추지 않으면 사람이건 동물이건 도태되기 마련이다.

『좌전(左傳)』에 '거안사위 유비무환(居安思危 有備無患)'이라는 말이 있다. 평안하고 안락한 처지에 만족하지 말고 위험이 발생할 것을 생각하라는 의미다. 현실에 안주하는 안일함과 나태한 태도는 버려야 한다.

악마들의 회의와 자포자기

'내일로 미루자', '다음에 하지'라는 마음을 심읍시다

악마들이 인간을 무능하게 만드는 방법을 찾기 위한 회의를 열었다. "몸에 병이 생기게 하자", "하는 일마다 어려움을 겪도록 하자", "배신당하게 하자", "외로움과 고독에 지치도록 하자", "머리를 나쁘게 하자" 등등 많은 의견이 나왔지만 모두의 동의를 얻지는 못했다.

의지로 병을 이겨내는 인간도 있었으며, 시련과 고독을 통해 더 단단해지는 인간도 있었고, 머리가 나빠도 성실하고 유능한 사람들이 있었기 때문이었다.

그때 한 악마가 자신만만하게 말했다.

"인간들의 마음에 '미루자'는 생각을 심어둡시다. '내일로 미루자', '다음에 하지'라는 생각이야말로 자신도 모르게 무능한 사람으로 만들어버리니까요." 악마들은 이 제안에 모두 박수를 치고 만장일치로 통과시켰다.

악마의 무기 네 가지

악마가 사람을 유혹할 때 사용하는 네 가지 무기가 있다고 한다.

첫째는 "이 정도는 괜찮아"라는 말이다. 무책임을 유도하는 말이다. 둘째는 "이번 딱 한 번뿐인데 괜찮아"라는 말이다. 작은 실수 하나가 사람을 함정에 몰아넣는다. 큰 물고기도 작은 미끼에 걸려든다. 셋째는 "나중에 해도 돼"라는 말로서 게으름을 유도하는 말이다. 게으름은 녹과 같다. 게으름이 인간의 신체를 녹슬게 하는 것은, 노동이 신체를 피로하게 하는 것보다도 빠르다고 한다. 아무리 훌륭한 능력도 사용하지 않으면 녹이 슨다. 넷째는 "누구나 이렇게 해"라는 말이다. 죄책감을 벗어나도록 합리화하는 말이다.

악마의 무기들에 자주 노출되면 사람들은 자포자기하게 된다. 스스로 포기하고 향상을 위한 노력을 하지 않게 되는 것이다.

맹자는 이렇게 말한다. "사람으로서 해야 하고 지켜야 할 것을 지키지 못하는 것은 스스로 자기를 포기하는 것이다. 스스로 자기를 포기하고 망치는 사람과는 어떠한 말과 행위도 할 수 없다."

나를 만들고, 훈련시키고, 단호하게 대하라

―

나는 모든 위대한 인간의 하인이다.
하지만 모든 낙오한 인간의 주인이기도 하다.

위대한 사람들과 있을 때 나는 위대한 것을 만들어냈다.

실패한 사람들과 있을 때 나는 실패를 만들어냈다.

나는 기계와 같은 정확성으로 이 모든 일을 한다.

그대는 그대의 이익을 위해 나를 사용할 수도 있고,

혹은 그대의 파멸을 위해 나를 사용할 수도 있다.

내게는 어느 쪽이든 차이가 없다.

나를 만들어라.

나를 훈련시켜라.

그리고 내게 단호하라.

그러면 나는 그대의 발밑에 세상을 가져다줄 것이다.

하지만 나를 우습게 여기면 파멸로 이끌 것이다.

나는 누구일까?

나는 바로 그대의 습관이다.

쇠에서 나온 녹이 쇠를 녹인다

'코이'라는 관상용 물고기는 작은 어항 속에 넣어두면 어항 크기에 맞춰 자란다고 한다. 이 물고기를 커다란 강에서 자라게 하면 90~120cm까지 성장한다고 한다. 조그만 말뚝에 이어진 줄에 묶여 어린 시절을 보낸 서커스단의 커다란 코끼리는 그 말뚝과 줄을 벗어나지 못한다고 한다. 배우고 경험한 것, 그리고 환경에 의해 '학습된 한계', '학습된 무기력증'이 생기는 예들이다.

 쇠에서 나온 녹이 쇠를 망가뜨리듯 우리 스스로를 망가뜨릴 수 있는 것은 우리 스스로가 만든 좋지 않은 습관들일 수 있다.

습관은 매일 반복하여 자연스럽게 익숙해진 행동과 태도를 말한다. 좋은 습관이야말로 자신의 가치를 지켜주고 성공을 열어주는 은수저(silver spoon)다.

09

시기, 원망과 불평

먹이를 더 많이 주는 이유

노새와 나귀

한 사람이 노새 한 마리와 나귀 한 마리를 기르고 있었다. 그런데 그는 항상 나귀보다 더 많은 양의 먹이를 노새에게 주었다. 그래서 나귀는 먹이를 먹을 때마다 불평을 했다.

"이건 정말 공평하지 못해. 나도 노새처럼 매일 똑같은 일을 하는데 왜 노새한테는 나보다 더 많은 먹이를 주냔 말이야." 나귀의 불만은 시간이 갈수록 커져갔다.

어느 날 노새와 나귀는 짐을 싣고 먼 길을 가게 되었다.

"흥, 먹이는 노새를 많이 주면서 노새와 내가 짊어져야 할 짐의 크기는 같잖아. 세상에 이런 법이 어디 있어?" 나귀는 더욱 심하게 투덜거렸다.

"이봐, 짐을 지고 먼 길을 갈 때는 그렇게 투덜거리지 않는 것이 좋아." 노새가 타일렀다.

"듣기 싫어. 너는 나보다 항상 많은 먹이를 먹잖아. 그러니 너는 나보다 많은 짐을 지는 것이 공평하잖아."

오솔길을 지나고 시냇물을 건넜다. 골짜기를 지나 언덕길을 오를 때 나귀는 너무 힘이 들어 걸음이 점점 느려졌다. 그러자 주인이 나귀의 짐을 절반 덜어 노새의 등에 얹었다.

그렇게 또 얼마를 갔다. 나귀는 짐을 절반이나 덜어냈는데도 힘이 부쳤다. 나귀가 또 힘들어하는 것을 본 주인이 이번에는 짐을 몽땅 노새의 등에 옮겨 실었다.

노새가 나귀에게 말했다.

"야, 나귀야. 이제야 주인이 왜 나에게 먹이를 많이 주는지 이유를 알겠냐?"

불평불만은 많은 경우 상대적인 비교에서 비롯된다. 우리는 하는 일만큼, 지니고 있는 역량만큼 대우받는다. 지금 받는 대우가 자신이 하는 일과 실력에 비해 작다고 생각되는 경우 먼저 불평불만을 하기보다 만족할 수 있는 대우를 받을 수 있는 좋은 성과를 어떻게 하면 이룰 수 있을까 생각하는 것이 더욱 바람직할 것이다.

내 탓이오,
내 탓이오

반구저기

고대 중국 하(夏)나라 우(禹) 임금이 다스리던 시절 이웃한 오랑캐가 대규모 병력으로 침략해왔다. 우 임금은 아들 백계를 장수로 삼아 오랑캐를 막도록 했다. 백계는 정예 병력을 이끌고 출진했다. 그는 전투 때마다 항상 선두에 서서 병사들을 독려하고 최선을 다해 지휘했으나 아쉽게 지형지물을 이용한 오랑캐의 노련한 전술에 패전의 쓴맛을 보고 말았다.

후퇴하여 돌아온 아들 백계에게 우 임금은 패전의 가장 큰 원인이 어디에 있었는지 물었다. 백계가 대답했다. "훌륭한 병사들과 훈련이 잘된 군마들, 그리고 우리 땅에서 싸웠음에도 오히려 패전했으니, 이것은 제 덕행이 부족하고, 부하에 대한 지휘가 올바르지 않았음입니다."

우 임금은 백계의 대답을 듣고 "그렇다면 너는 먼저 자신을 반성하고, 스스로의 결점을 고치는 노력을 해야 할 것이다"라고 말했다.

백계는 더욱 분발하여 매일같이 날이 밝자마자 열심히 무술을 닦고 검소한 생활을 하며 병사와 백성들을 자식처럼 사랑하고 지혜가 깊은 사람들로부터 배우고 덕이 있는 사람들을 존중하는 생활을 계속했다. 백계가 마음을 다하여 수양하고 있다는 이야기를 들은 오랑캐는 침범한 땅에서 조용히 물러났고 수년 후에는 백계와 같은 인물이 있는 하나라의 속국이 되고 싶다는 하는 사신을 보내왔다.

『맹자』에 실린 반구저기(反求諸己)라는 고사 내용으로 좌절했을 때에 남 탓을 하며 원망하지 않고, 자신에게서 문제점을 찾아 반성하고 개선을 위해 노력하는 모습의 아름다움을 전해주는 이야기다.

돌부리 걷어차면 내 발부리만 아프다

다른 사람을 탓하고 손가락질을 할 때 다른 손가락 세 개는 자신을 향하고 있다고 한다. 받을 필요 없는 선물은 받지 않듯이 다른 사람을 비난하고 불평할 때 그것을 상대방이 받아들이지 않으면 비난과 불평의 화살은 다시 내게로 돌아온다.

『채근담』에는 "소인배와는 원수를 맺지 말라. 그들 나름대로의 상대가 있는 법이다"라는 구절이 있다. 소인배와 다투어 이겨봤자 이기는 것이 아님을 암시한 글이다. 소인배와 다투지 않으려 "당신은 소인배라 다투지 않겠소"라고 말할 필요도 없을 것이다. 대인배는 상대에게 소인배라는 말을 하지 않고 처음부터 다툼을 갖지 않기 때문이다.

10

어리석음

부분만 듣고 본 후
흉내 내는 오류

어제는 맞았지만 오늘은 틀리다

중국 전국시대 노나라의 시(施) 씨 집안에 두 아들이 있었다. 아들 중 한 명은 학문이 뛰어났고, 한 명은 병법이 뛰어났다.

학문이 뛰어난 아들은 제나라에 가서 태자의 스승이 되었다. 병법을 좋아하는 아들은 초나라에 가서 장수가 되었다.

시 씨의 이웃에 맹(孟) 씨가 있었다. 그는 시 씨 집안 두 아들의 성공을 부러워하며 한 아들은 학문을 시키고, 다른 아들은 병법을 익히게 했다. 그리고 시 씨에게 찾아가 두 아들이 벼슬을 하게 된 비결을 물었다. 시 씨는 두 아들이 각자의 왕을 만났을 때 나눈 이야기를 그대로 들려주었다. 큰아들은 제나라와 왕을 만나 "인의로 다스리십시오"라고 말했고, 작은아들은 초나라 왕을 만나 "군사를 길러 나라의 무력을 키워야 합니다"라고 말했다는 것이다.

맹 씨는 학문을 익힌 아들에게 진나라에 가서 벼슬을 해보라고 했다. 그 아들은 진왕에게 가서 "인의(仁義)로 나라를 다스리십시오"라고 말했다. 그러나 진왕은 "지금 천하의 제후들이 서로 다투고 있다. 이때 우리가 힘써야 할 것은 군대를 강하게 해서 나라를 부유하게 하는 것이다. 이런 판국에 인의로 다스리라는 것은 나라를 망하게 하려는 역적이라 할 수 있다"라고 크게 화내며 궁형을 가하고 내쫓았다.

병법을 익힌 맹 씨의 또 다른 아들은 위나라로 가서 벼슬을 하려 했다.

그는 맹 씨가 일러준 대로 위왕에게 "군사를 강하게 길러 나라의 힘을 기르십시오"라고 말했다. 위왕은 깜짝 놀라며 "우리는 약한 나라로서 대국은 잘 섬기고, 소국과는 잘 협력하여야 한다. 그런데 군사를 강하게 기르라니? 우리나라를 망하게 할 작정이냐?" 하며 두 다리를 자르는 벌을 주고 내쫓았다.

맹 씨는 시 씨를 찾아가 당신이 잘못 알려주었으니 책임지라고 따졌다. 시 씨가 대답했다. "어제는 맞았지만 오늘은 틀린 것을 내가 어찌하겠소? 내일은 또 맞을 수도 있을 것이오."

달이 움직이면 눈도 따라 움직여야 한다
시공을 초월하여 세상 모든 일에 부합될 수 있는 절대 진리는 없다. 어느 한 부분에서의 성공이나 실패를 보고 상황을 고려하지 않은 채 모든 일에 같은 원리나 방법을 적용하는 행동은 지혜로운 것이 아니다. 달이 움직이면 눈도 따라 움직여야 한다.

'어디서 들은 이야기' 하나로 스스로 보고 겪지도 않은 것을 판단하고 말하고 행하는 것도 어리석다. 특정 상황에서 겉으로 드러난 부분만 보고 전체를 일반화하여 판단하지 말고, 세상의 변화를 읽고 가장 시의적절한 행동을 할 수 있는 지혜가 필요하다.

판단기준과 융통성

농부의 지혜

급한 일이 생겨 낯선 땅을 가게 된 나그네가 있었다. 그는 사람이 눈에 띌 때마다 물어보며 길을 걸었다. 나그네는 밭에서 일을 하고 있는 농부에게 물었다. "여기서 다음 마을까지 가려면 시간이 얼마나 걸립니까?" "…."

농부는 나그네가 묻는 말에 아무 대답도 하지 않고 나그네를 빤히 쳐다보았다. 나그네는 농부의 태도에 기분이 상했지만 더 말을 붙이지 않고 걷던 길을 계속 걸었다. 그런데 그 농부가 나그네의 뒤를 따라오더니 불렀다. "여보, 나그네 양반! 지금부터 30분 후에는 다음 마을에 도착할 거요."

나그네가 돌아보고 웃으며 물었다. "아니, 아까 물을 때 대답해주지 왜 이제야 뒤따라오며 알려주는 거요?"

농부가 답했다. "아까는 내가 당신의 걸음걸이 속도를 몰라 대답해주지 못했소. 이제 당신을 따라 걸어보니 걸음걸이 속도를 알 수 있어서 답해준 거요."

뱃전에 표시하고 물에 빠진 칼을 찾다

춘추시대 초(楚)나라 무사 한 명이 보검을 허리에 차고 배를 탔다. 배가 한참 강물 위를 가로질러 갈 때 큰 바람이 몰아쳐 몸의 균형을 잃어 비틀거리면서 그만 칼이 칼집에서 빠져 강물로 사라지고 말았다. 그는 황급히 다른 단검을 뽑아 뱃전에 칼집을 내었다. 다른 사람들이 물었다.

"아니, 왜 뱃전에다 줄을 그으시오?"

무사가 말했다.

"여기가 칼이 빠진 곳이라는 표시를 한 것이라오."

배가 강을 건너 나루터에 닿자 그는 바지를 걷고 표시를 남긴 뱃전 아래 물속을 뒤져 보검을 찾으려 했다. 그러나 아무리 뒤져도 보검을 찾을 수는 없었다.

『여씨춘추(呂氏春秋)』에 담겨 있는 각주구검(刻舟求劍)이라는 고사의 내용이다. 사물이 이미 변화, 발전한 것을 모르고 융통성 없이 어리석은 행동을 하는 것을 비유한 이야기다.

잘못된 처방전을 갖고 약을 지어서는 안 된다

모든 일에는 그것이 가장 잘 이루어지는 과정과 방법이 있다. 방법과 과정은 상황에 따라 다르다. 소를 끄는 수레가 움직이지 않으면 소를 때릴 수도 있고 수레를 들어 바퀴의 굴러감을 막는 돌을 치워야 할 때도 있다. 무조건 소를 때려서도 안 되고, 더욱이 수레를 때려서는 안 된다. 과거의 시각으로 현재를 보는 것도 어리석은 것이며, 현재의 시각으로 미래를 자만하는 것도 어리석은 것이다.

천리마가 있어도
백락(伯樂)이 없으면 소용없다

천리마를 구한 부자

큰 부자가 천리마(千里馬)를 알아볼 수 있다는 마을 노인에게 부탁하여 비싼 돈을 주고 천리마를 구했다. 그는 마구간지기에게 말했다.

"여기 이 말은 다른 말보다 훨씬 훌륭한 말로서 내가 무척 비싸게 사온 것이다. 잘 건사해주어라."

그러나 마구간지기는 천리마를 간수하는 법을 몰랐다. 그는 천리마를 다른 말들과 똑같게 대했다. 먹이도 똑같이 주었으며 잠자리도 똑같이 했다. 다른 말 몇 마리가 천리마를 괴롭히는 것도 못 본 체했다. 어떤 말은 천리마의 먹이를 빼앗아 먹고 몰래 발길질을 하고 갈기를 뽑고 괴롭혔다. 몇 달이 지나자 천리마는 흉한 몰골로 쇠약해졌다. 부자는 "이 말이 무슨 천리마인가?"라며 말을 구해준 노인에게 끌고 가다그쳤다.

노인은 두말 않고 돈을 물어준 후 말을 쓰다듬으며 말했다.

"천리마는 항상 있을 수 있지만 천리마를 알아보고 그를 제대로 키우는 주인은 드물다. 아무리 타고난 명마라 하더라도 백락(伯樂)처럼 이를 알아보고 제대로 건사하지 못한다면 비천한 무리의 수중에서 모욕을 당하다 죽으며 '천리마'의 칭호를 얻지 못한다. 하루에 천 리를 가는 말은 어떨 때는 한 섬의 곡식을 다 먹는다. 또 함부로 채찍질을 해서도 안 된다. 천리마의 울부짖음도 알아들어야 한다. 그렇게 하지 못하면서도 '세상에 천리마가 없구나!' 하고 한탄하니 참으로 어리석구나."

한유(韓愈)의 『마설(馬說)』에 등장하는 '백락상마(伯樂相馬)'라는 고사 이야기다. 백락은 천리마를 알아보는 혜안을 가진 사람이다. 유능한 사람을 몰라보는 것도 어리석지만 유능한 사람을 곁에 두고도 제대로 대접하거나 활용하지 못해 재능을 살리지 못하는 것도 지혜롭지 않은 것이라는 메시지를 전해준다.

무능자증후군

무능한 데다 질투심까지 있는 사람이 높은 자리에 앉는 경우 유능한 사람들을 배척하고 성장을 가로막는 '무능자증후군(無能者 症候群)'을 보인다. 이런 사람은 겉으로 아부만 일삼는 무능한 사람들만 곁에 두게 된다. 그런 사람의 측근 역시 똑같은 행태를 반복하다 보니 마침내 바보들만 높은 자리를 차지하는 아이러니한 상황이 벌어지는 조직도 있다.

　무능한 바보들은 조직의 개선과 혁신을 주장하는 유능한 사람들에게 "절이 싫으면 중이 떠나라"거나 "당신 없어도 그 일 할 사람 많다" 등의 말을 서슴없이 한다. 무능한 바보들의 좋지 않은 특징 중 하나는 자신들의 무능함을 교묘히 감추면서 그럴 듯한 이유를 대며 유능한 사람들의 발목을 잡는 것이다. 그런 조직문화 속에서 오랜 시간이 흐르다 보면 아무리 유능하고 패기 넘치던 사람도 처음의 모습을 잃고 3류나 4류의 인물로 전락할 수 있다.

　무능자증후군을 예방하거나 없애려면 '진짜'를 알아보고 제대로 활용하는 높은 식견과 지혜가 필요하다. 당연히 '반짝거리며 먼저 유혹하는' 가짜들에게 현혹당하지 않아야 바보들이 보지 못하도록 막고 있는 '진짜'를 만날 수 있다.

| 3부 |

나누기의 지혜
주고받으며 함께하기

가장 용기 있는 행동은 타인을 용서하는 것이다. 오랫동안 용서하지 않고 살아가는 것은 무거운 짐을 지고 산을 오르는 것과 같다. 용서는 과거의 원망과 불평의 족쇄로부터 서로를 해방시켜 미래를 향해 걷도록 해준다. 구성원들을 평가, 보상할 수 있는 권리가 있는 사람이라면 구성원들의 잘못을 용서하고 더 나은 방향을 제시해줄 수 있는 권한도 있다. 약한 자일수록 상대를 용서하지 못한다. 용서한다는 것은 강하다는 증거다.

즐거움이 있는 사람과는 즐거움을 나누고,
슬픔이 있는 사람과는 슬픔을 나누어야 한다.
그것이 함께하는 것이다.
한 개의 줄보다 두 겹의 줄이 훨씬 튼튼하며,
두 겹의 줄보다 세 겹의 줄은 그 몇 배의 힘을 견뎌낸다.
지혜는 합쳐질수록 더욱 힘을 발휘한다.

01

사랑과 희생

여신의 두 가지 질문과
천국의 모습

천국과 지옥 가르기

이시스(Isis) 여신은 이집트 신화에 등장하는 주요 신 중 한 명으로 지혜와 아름다움을 주관한다. 그녀는 억울하게 죽은 남편 오시리스의 시체를 찾아내어 부활시킨 후 인간의 삶과 죽음에 관여하기도 하며, 죽은 자를 심판하여 그 영혼의 천국행과 지옥행을 판단한다.

여신은 죽음을 맞아 자신 앞에 불려온 인간의 영혼에게 두 개의 질문을 던져 천국행 또는 지옥행을 결정한다.

영혼은 먼저 여신으로부터 다음과 같은 질문을 받는다. "너는 세상을 살 때 즐거운 마음으로 살았느냐?"

여신의 질문에 "그렇습니다"라고 대답하는 영혼에게 이시스 여신은 두 번째 질문을 던진다. "너는 세상을 살 때 다른 사람을 행복하게 해 주었느냐?"

두 번째 질문에도 "그렇습니다"라고 대답한 인간 영혼에게 여신은 천국의 문을 허락한다.

천국과 지옥의 차이

여신이 허락해준 천국의 문 앞에 다다른 인간 영혼에게 문지기가 긴 숟가락 하나를 팔에 묶어주며 말한다.

"천국에 들어가면 이 숟가락으로 식사를 하도록 하여라."

그 숟가락은 너무 길어 팔을 이리저리 움직여도 도저히 입에 음식을 넣을 수 없을 것 같았다. 의아해 하는 인간 영혼에게 문지기는 천국의 문을 열어주며 이제 들어가라고 말한다.

천국으로 들어온 인간 영혼은 먼저 천국에 들어와 살고 있는 영혼들 모두가 긴 숟가락 하나씩을 팔에 묶고 있음을 발견했다. 그런데 그들은 그 긴 숟가락으로 음식을 떠 다른 사람들의 입에 넣어주고 있었다. 잠시 후 역시 숟가락을 팔에 묶은 다른 영혼이 그에게 다가와 환영의 인사를 한 후 배가 고프다면 한 숟가락 음식을 떠드리겠노라고 웃으며 말했다.

인간 영혼은 정말 자신이 천국에 들어왔음을 느끼며 여신에게 마음속 깊이 감사의 인사를 했다.

키몬과
페로

아버지와 딸

젊은 여인이 젖가슴을 드러내고 있고, 거의 벌거벗은 노인이 그녀의 젖을 빨고 있다.

네덜란드 국립미술관에 걸려 있는 바로크 미술의 거장 루벤스가 그린 '키몬과 페로'라는 그림이다. 처음 이 그림이 전시되었을 때 많은 사람들이 당혹스러워했다고 한다. 젊은 여인과 노인의 부적절한 모습이 연상될 수도 있기 때문이다.

그러나 이 그림은 딸과 아버지의 실화를 바탕으로 그려진 것이다.

젖가슴을 드러내놓고 있는 여인은 노인의 딸 페로이고, 노인은 아버지 키몬이다.

로마 시대, 키몬은 "죄를 지은 노인에게 밥을 주지 말라"는 선고를 받고 감옥 생활을 했다. 노인이 아무런 끼니도 잇지 못한 채 굶어 죽어 간다는 소식을 듣고 달려온 그녀의 딸 페로는 피골이 말라 있는 아버지를 보자 간수들이 모두 쳐다보는 중에도 자신의 젖을 아버지에게 물렸다. 딸의 이러한 행동은 한 번으로 그치지 않았다.

그녀는 아버지가 기력을 회복할 때까지 매일 감옥으로 찾아와 아버지를 면회했고 그때마다 주저 없이 자신의 젖을 나누어주었다. 그녀의 소문을 듣고 감동한 로마 황제는 노인을 석방해주라는 명령을 내렸다.

이 이야기는 다른 많은 화가들에 의해 비슷한 구도를 지닌 그림으로 표현되기도 했다. 아버지 키몬을 정의를 위해 싸운 투사로 표현하기도 하고, 딸 페로는 간수들의 저항을 뚫고 아버지를 살려내려는 굳센 의지를 보이는 여인이요, 자식으로 표현하기도 한다. 공통된 것은 아버지에 대한 딸의 사랑과 헌신이 사람들의 마음에 감동스럽게 전해진다는 것이다.

소중한 것을 나누다

테레사 수녀 이야기

인도에서 어려운 이웃들과 함께한 마더 테레사 수녀의 『묵상집』 가운데 다음과 같은 글이 있다.

……… 어느 날 밤 한 남자가 찾아와 이렇게 말했습니다. "오래전부터 아이가 여덟이나 있는 한 가족이 굶고 있습니다. 도와주십시오." 그래서 나는 그 가족에게 먹을 것을 가지고 갔습니다. 가서 보니 아이들의 얼굴에는 지독한 굶주림의 흔적이 있었습니다. 그런데 그 어머니는 먹을 것을 밖으로 가지고 나가는 것이었습니다. 그래서 어디로 가시느냐고 물었더니 "굶주리는 이웃이 또 있습니다"라고 말하는 것이었습니다. 나는 그 여인이 먹을 것을 나누어준다는 사실보다도 그 여인에게 이웃이 있다는 사실이 더욱 놀라웠습니다. 여인의 가족은 힌두교를 믿었고 이웃 가족은 이슬람교

신도였기 때문입니다. 그러나 그 여인은 종교를 떠나 이웃이 고통받고 굶주리고 있다는 사실을 외면하지 않았습니다. 그 여인은 자기 아이들에게 음식을 나누어주기에 앞서 어려운 이웃에게 나누어주는 기쁨과 용기를 지니고 있었던 것입니다.

진정한 인격, 진정한 나눔, 진정한 행복과 성공

"자기에게 해줄 것이 없는 사람, 자기보다 약한 사람, 자기보다 배운 것이 없는 사람. 그 사람들을 대하는 태도가 그 사람의 인격이다"라는 말이 있다. 있는 사람만이 없는 사람에게 도움을 줄 수 있는 것은 아니다. 베풂은 내겐 작지만 상대에게는 커다란 것이 될 수 있다.

나눌 수 없는 부자는 진정한 부자가 아니라고 한다. 내게는 필요 없지만 다른 사람에게 필요하다면 그것을 나누어주는 것도 훌륭한 행위다. 내게도 소중한 것을 남에게 나누어줄 수 있다면 진정 훌륭한 나눔이라고 평할 수 있을 것이다. 아랍 격언에 "가진 것을 소중히 여기고 가진 것에 만족하면 진정한 행복을 얻고, 가진 것을 나눌 수 있는 것이 진정한 성공이다"라는 말이 있다.

석가모니는 가난한 사람이 바친 등불 하나하나를 소중히 여겨 다른 등불이 다 꺼진 뒤에도 계속 빛나도록 했다. 과부에게 동전 두 닢의 헌금을 받은 예수는 "내가 분명히 말하지만 이 가난한 과부는 다른 사람보다 더 많은 헌금을 했다. 다른 사람들은 모두 넉넉한 가운데 일부를 헌금했지만 이 과부는 가난 속에서도 가진 것 모두를 바쳤다"고 칭찬의 말씀을 했다.

손자를 위해
나무를 심다

할아버지의 사랑과 희생

한 노인이 새로 개간된 땅에 과일나무 묘목을 심고 있었다. 지나가던 나그네가 이 모습을 보고 물었다.

"지금 심으시는 나무가 무슨 나무입니까?"

"사과나무입니다."

"그렇다면 이 나무는 언제쯤 열매를 맺게 되나요?"

"글쎄올시다. 모르긴 해도 아마 한 50년 후면 열리지 않겠소?"

"예? 50년이라고요? 그러면 노인장께서는 아직도 50년을 더 사실 수 있다고 생각하시는 건가요?"

"불가능할 테지요. 그렇지만 그때쯤이면 내 손자가 이 사과나무에서 열매를 수확할 수 있겠지요. 내가 태어났을 때 나의 할아버지가 심어준 사과나무에서 아버지가 열매를 수확했듯이 말이오."

길게 생각하는 것의 가치

짧게만 생각하는 사람은 길게 생각하는 사람을 이해하기 어렵다. 마찬가지로 지혜 없는 사람은 지혜 있는 사람을 이해하지 못하고, 수명이 짧은 것은 수명이 긴 것을 이해하지 못한다. "하루살이가 어찌 한 달이라는 세월을 알 것이며, 우물 안 개구리가 어찌 바다 이야기를 하며 고래와 함께 더불어 사는 삶을 이야기할 수 있겠는가?"라고 장자는 말하였다.

길게 보는 안목이 필요하다. 당장의 즐거움을 버리고 자기계발에 시간을 투자하는 것도 길게 보는 안목이며, 물고기를 주는 것보다 물고기 잡는 법을 가르쳐주는 것도 길게 보는 안목이다.

사랑과 희생은 긴 안목을 지닌 사람만이 할 수 있는 가치 있는 투자다. 그것은 틀림없이 훌륭한 열매를 맺고 더 많은 것을 나눌 수 있게 해줄 것이다.

알몸으로
말을 탄 여인

백성을 위한 남편과의 약속

영국 중부의 코벤트리에 있는 허버트 미술관에는 1890년대 존 클리어라는 화가가 그린 '레이디 고다이바(Lady Godiva)'라는 작품이 눈길을 끈다. 머리를 길게 늘어뜨린 나체의 아름다운 여인이 수줍은 표정으로 말에 올라탄 채 마을을 도는 그림이다.

이 그림은 코벤트리 지역에 전해져오는 실화를 바탕으로 한다.

11세기 초 코벤트리의 영주는 당시 덴마크 공격을 준비하는 영국 왕의 명령에 따라 지역 백성들에게 혹독한 세금을 징수했다. 다른 영주가 다스리는 지역도 사정은 거의 비슷했다. 백성들의 삶은 피폐해졌다. 이때 코벤트리 영주의 아내 고다이바는 남편에게 백성들의 목소리에 귀를 기울여 세금을 내려달라고 건의했다. 그러나 영주는 아내의 요청을 흘려들었다. 아무리 영주의 아내일지언정 백성을 다스리는 일, 특히 세금에 대해 이러쿵저러쿵 관여하는 것은 있을 수 없는 일이라고 답했다. 그러나 그녀는 계속 건의했다.

그녀가 계속 조르자 영주가 말했다. "만약 당신이 한낮에 나체로 말을 타고 동네를 한 바퀴 돌아오면 내 기사도 정신을 걸고 백성들의 세금을 낮춰줄 것을 약속하겠소."

그녀는 망설임 없이 남편의 제안을 수용했다. 그리고 약속한 날 그녀는 실오라기 하나 걸치지 않고 말을 탄 채 마을을 돌았고 영주는 두말 않고 자신의 약속을 실행했다.

영주의 아내가 말을 타고 마을을 도는 동안 백성들은 모두 집에 들어가 커튼을 내리고 밖을 내다보지 않았다고 한다. 그것은 그녀에 대한 존경심과 고마움의 표현이었다. 다만 톰이라는 양복 재단사만이 몰래 그 모습을 바라보아 '관음증 환자'를 은유하는 'Peeping Tom'이라는 말이 여기서 유래했다고 하는데, 톰의 행동이 영주의 아내로서의 체면이나 위신을 생각하지 않고 백성들의 고통을 앞장서서 덜어주려 했던 고다이바 부인의 희생의 아름다움을 결코 깎아내리지는 않을 것이다.

할머니를 위해…

말 한 마리가 썩은 사과 자루가 되었지만…

말 한 마리를 키우며 살아가던 할아버지와 할머니 내외가 있었다. 그런데 세월이 점차 흐르자 말을 잘 돌보는 것이 매우 힘이 들었다. 그래서 말을 다른 쓸모 있는 것과 바꾸기로 결정했다.

할아버지는 말을 끌고 장터로 갔다. 할아버지는 할머니가 좋아하는 우유를 얻을 수 있는 소가 좋을 것 같아 말을 소와 바꾸었다. 소를 바꿔 발길을 돌리려는데 양이 눈에 띄었다.

할아버지는 할머니가 소보다는 양을 다루기 쉬울 것 같다는 생각에 소를 양으로 바꾸었다. 다시 양보다는 옆에 있는 닭이 할머니가 키우기도 쉽고 매일 신선한 달걀을 기뻐하며 얻을 것 같아 닭 한 마리와 바꾸었다. 그리고 길을 걸어 돌아오다 날이 어두워져 여관에 들렀다.

여관에 들어서다 할아버지는 여관 주인과 흥정하여 닭 한 마리를 썩은 사과 한 자루와 바꾸었다. 언젠가 썩은 사과 한 개를 소중하게 다루며 맛있게 먹던 할머니가 생각났기 때문이다.

마침 여관에서 하룻밤을 함께 지내게 된 귀족 두 사람이 할아버지로부터 말을 최종적으로 썩은 사과 한 자루와 바꾸게 된 이야기를 들었다. 할머니가 썩은 사과 자루를 받고 무척 기뻐할 것이라는 말에 두 귀족은 크게 웃으며 할아버지를 비웃었다. 그리고 할아버지와 내기를 했다. 내일 집에 돌아간 뒤 할아버지가 말을 다른 것과 차례대로 바꾸어간 이야기를 할 때 할머니가 할아버지를 야단치지 않는다면 금화 한 닢씩을 주겠다는 것이었다. 다음날 할아버지는 귀족들과 집으로 갔다.

할아버지는 할머니에게 처음부터 차례대로 이야기를 해주었다. 할아버지의 말을 듣는 할머니는 그때마다 "잘하셨어요"라고 말하며 따뜻한 미소를 지어보였다. 그리고 할아버지가 내미는 썩은 사과 자루에서 사과 한 알을 꺼내 맛있게 먹으며 "고마워요, 여보" 하며 기뻐하는 것이었다.

두 귀족은 감탄하며 약속한 대로 금화 두 닢을 내어놓았다.

안데르센의 동화 중 하나로 사랑하는 사람을 위해 무언가 해주려는 생각, 물질적 비교보다 그 사랑하는 마음을 받아들이는 것의 아름다움을 비유한 이야기다. 사랑과 존중, 배려와 이해가 세상을 더 따뜻하게 만들어준다.

02

희망과 감사

시름 대신
평화의 거름이 되다

가난한 미인의 희생

중국 한나라 원제가 다스리던 시기 왕소군(王昭君)이라는 궁녀가 있었다. 어렸을 때 그녀의 집안은 너무 가난하여 생존을 위해 어쩔 수 없이 어린 그녀를 궁녀로 들여보냈다.

원제는 궁중화가에게 수천 명 궁녀들의 초상을 그리도록 했다. 궁녀들은 궁중화가에게 뇌물을 주면서까지 예쁘게 그려달라고 청을 했다. 그림이 예쁘게 그려져야 원제에게 간택될 수 있는 기회를 가질 수 있었던 것이다.

가난했던 왕소군은 궁중화가에게 아무것도 주지 못했다. 그녀는 매우 아름답고 착했으나 궁녀들의 모습이 담긴 화첩에 그려진 그녀의 모습은 실물과 다른 추녀로 그려졌다. 뺨에 점까지 찍혀져 궁중화가가 그린 궁녀 화첩 중 가장 못생긴 그림이었다. 결국 그녀는 입궁한 지 5년이 지나도록 황제의 얼굴 한번 보지 못한 채 고된 노동만을 반복해야 했다.

어느 해 그녀는 중국 황제와 화친을 맺고자 찾아온 흉노족 왕에게 화친의 증표로 시집을 가게 된다. 흉노족 왕은 황제에게 궁녀 한 명을 하사해달라고 청했고, 황제는 궁녀 화첩 중 가장 못생긴 그녀를 택하여 보내기로 했다. 흉노 왕이 돌아가는 날 복식을 차려입고 황제에게 작별 인사를 하는 그녀를 보고 사실을 파악한 황제는 대노했지만 약속은 약속, 그녀는 흉노 왕을 따라 가게 되었다.

흉노 왕을 따라 도착한 북녘 땅은 그녀에게 매우 낯설었다. 봄여름은 짧고 겨울은 춥고 길었다. 흉노족의 땅에서 길고 긴 첫 겨울을 보내고 봄을 맞았지만 그녀가 좋아하던 꽃을 보기 힘들었다.

그녀는 "오랑캐 땅에는 꽃이 없으니 봄이 와도 봄 같지가 않구나(胡地無花草 春來不似春)"라는 시로 자신의 시름을 표현했다.

그러나 그녀는 시름에만 잠겨 있거나 자신을 흉노 땅에 보낸 한나라를 원망하지 않고 오히려 한나라와 흉노의 화친이 유지될 수 있도록 최선을 다했다. 흉노족 여인들에게 베 짜는 방법과 옷감을 다루는 방법을 가르쳐주었으며, 척박한 땅에서도 잘 자랄 수 있는 식물의 씨앗을 심고 가꾸었다. 거친 흉노족 족장들을 교화시켜 흉노와 한나라는 그녀가 시집 간 이후 60여 년간 한번도 충돌하지 않고 화목하게 지낼 수 있었다.

감사와 영예로운 마음을
서로 전하다

소녀가 전해준 카네이션 다섯 송이

결핵의 1차 치료제로 사용되는 항생제 스트렙토마이신을 개발한 미국의 생화학자 셀먼 왁스먼 박사에게 1952년 노벨 의학상이 주어졌다.

박사는 노벨상을 타기 위해 스웨덴의 스톡홀름으로 갔다. 공항에 도착한 박사는 뜻밖의 방문객 두 사람을 만났다. 한 소녀와 그녀의 아버지였다.

소녀의 품에는 다섯 송이의 카네이션이 있었다. 소녀가 왁스먼 박사에게 카네이션을 선물하자 아버지가 말했다.

"이 카네이션 한 송이는 제 딸의 1년씩의 생명을 나타내는 것입니다. 이 아이는 5년 전 뇌막염에 걸려 도저히 살 수 없다는 진단을 받았습니다. 그런데 죽음 직전 박사님께서 발명하신 항생제 덕분에 살 수 있게 되었습니다."

왁스먼 박사의 노벨상 추천문에는 이런 구절이 있다.

"왁스먼 박사는 생리학자도 내과 의사도 아니지만 의약 분야의 발전에 가장 중요한 공을 세웠습니다. 스트렙토마이신은 이미 수천 명의 목숨을 살렸고 내과 의사의 입장에서도 많은 사람들의 은인입니다."

박사는 노벨상을 탄 후 기자회견에서 다음과 같이 말했다.

"저에게는 스웨덴 황제 폐하로부터 받은 노벨상 메달보다도 어린 소녀로부터 받은 다섯 송이의 카네이션이 더 큰 명예입니다."

새로운 약으로 인해 생명을 구원받은 소녀와 그녀의 아버지가 감사함을 표현한 것은 당연한 것처럼 보이지만, 이런 당연한 감사가 제대로 이루어지지 않는 경우도 많다. 감사한 일에 당연히 감사를 표하는 모습은 세상을 아름답게 한다.

플라톤의 네 가지 감사

누구나 감사하며 살아야 할 것들이 너무나 많다. 그리스의 고대 철학자 플라톤은 네 가지에 크게 감사하며 산다고 말했다.

첫째, 짐승이 아닌 인격과 이성을 갖춘 사람으로 태어난 것을 감사한다고 했다. 둘째, 철학, 정치, 예술, 학문을 이야기할 수 있는 문명국 그리스에서 태어난 것을 감사한다고 했다. 셋째, 소크라테스와 같은 훌륭한 스승을 만나 배울 수 있던 것에 감사한다고 했다. 넷째, 참정권을 행사할 수 있는 남자로 태어난 것을 감사했다. 당시 그리스는 여성에게 참정권이 주어지지 않았었다.

삶의 진리 중 하나는 사소한 것에도 감사해 하는 사람에게 더욱 감사할 좋은 일이 생긴다는 것이다.

음수사원의
마음

마부가 말에게 진정으로 고마워하다

어떤 산기슭에 마부가 살았다. 마부는 언덕길을 넘나드는 사람들을 말에 태워주고 그 삯으로 가족들의 생계를 이어가고 있었다.

어느 날 서울을 다녀오던 스님 한 분이 이 마부의 말을 빌려 타게 되었다. 마부는 말 등에 스님을 태우고 언덕길을 가다가 길이 험한 곳에 이르면 "말 님, 위험합니다" 하고 소리를 쳤다.

스님은 이상하게 생각하여 "무엇 때문에 말에게 말 님이라 부르시는가?" 하고 물으니 마부는 이런 대답을 했다.

"저희 가족 넷은 이 말 님 덕분에 먹고살 수 있습니다. 만약 이 말 님이 없다면 우리는 살아갈 수 없을 것입니다. 그래서 비록 말이라고는 하나 '말 님'으로 생각하고 있습니다."

마부는 언덕길을 오르는 내내 험한 비탈길에서는 말 등에 실린 짐을 떠받치며 말의 부담을 덜어주고는 했다.

스님이 목적지에 도착하여 삯을 치르니 마부는 그 돈으로 떡을 사서 먼저 말에게 먹여주는 것이었다. 스님은 마부가 말로만 말에게 감사하는 시늉을 하는 것이 아니라는 것을 보고는 크게 감탄했다.

세상은 고마움으로 가득하다

음수사원 굴정지인(飮水思源 掘井之人)이라는 말이 있다. "목 말라 물을 마시면 그 갈증을 해소한 것에 그치지 말고, 그 근본인 우물을 누가 팠는지 그분에 대한 고마움을 잊지 말아야 한다"는 뜻이다.

우리의 생활주변을 돌아보면 감사해야 할 사람과 일들이 무척 많다. 그런데 많은 사람들이 자기의 '만족'만 찾을 뿐 그러한 것들에 대해 감사하는 마음과 표현을 잊고 산다. 적극적으로 감사를 표하는 삶은 자신과 세상을 모두 빛나게 해준다.

감사함을 통해
자유를 얻은 노예

쓴 멜론을 달게 먹다

한 흑인 노예가 있었다. 그는 매우 현명했고, 열심히 일을 하여 주인은 그를 크게 신임했다. 다른 종들은 이를 시기하여 주인에게 모함했다.

"그는 주인님 앞에서는 충성을 다하면서 뒤에서는 주인님을 욕하고 있습니다."

주인은 정말 그런가 하여 그를 시험하기로 했다.

주인은 아주 쓴 멜론을 한 개 주었다. 흑인 노예는 태연하게 받아 쩝쩝거리며 맛있게 먹었다.

"아니, 어떻게 그 쓰고 구역질나는 멜론을 그리 맛있게 먹느냐?"

"제가 주인님으로부터 많은 은혜를 입었으니, 주인님께서 주시는 쓴 것도 달게 받아야 마땅하지 않겠습니까?"

노예의 이 공손한 대답에 주인은 깊이 감동을 받아 그에게 즉시 자유를 주었다.

어느 무명용사의 기도

무엇이든 얻을 수 있는 힘을 달라고 기도했으나
약한 몸으로 태어나 겸손히 복종하는 법을 배웠습니다.

큰일을 하기 위해 건강을 간구했으나
도리어 몸에 병을 얻어 좋은 일을 할 수 있게 되었습니다.

부를 얻어 행복을 누리기를 간구했으나
가난한 자가 되어 오히려 지혜를 배웠습니다.

언젠가 권력을 휘둘러 만인의 찬사를 받기를 원했으나
힘없는 자가 되어 신께 의지하는 기쁨을 얻었습니다.

인생을 즐길 수 있는 모든 것을 달라고 했더니,
생명을 주셔서 있는 것을 즐길 수 있게 하셨습니다.

나는 부족한 몸이건만
내가 바라던 모든 것이 이루어졌습니다.

03

이해와 용서

서로를 이해하고
인정하다

관중과 포숙의 우정

관중(管仲)과 포숙(鮑叔)은 중국 춘추시대 제나라 사람들이다. 두 사람의 우정은 시대를 초월하여 전해지는데, 다음은 포숙에게 감사하는 관중의 마음을 느낄 수 있는 글이다.

"나는 젊은 시절 포숙과 함께 장사를 했다. 그때 나는 포숙에게 말하지도 않고 더 많은 이득을 취하곤 했지만 포숙은 나를 욕심쟁이라고 말하지 않았다. 내가 가난하다는 사실을 알기 때문이었다. 또 한때 포숙과 동업하여 내 잘못으로 사업을 망쳤는데, 그는 나를 전혀 원망하지 않았다. 사업에는 시운이 있다고 오히려 나를 위로했다. 나는 또 임금에게 세 번이나 불려가 벼슬을 했지만 매번 쫓겨났었다. 그때마다 그는 나를 못났다고 흉보지 않고 아직 때를 못 만났다고 위로했다. 나는 세 번이나 전쟁터에 나갔지만 세 번 모두 도망쳤다. 그때도 포숙은 나를 비겁하다고 꾸짖지 않았다. 내게는 봉양해야 할 늙은 부모가 있다는 것을 알고 이해해주었기 때문이다.

내가 모시던 왕자가 포숙이 모시던 왕자와 제후 자리를 놓고 경쟁했을 때, 내가 모시던 왕자는 죽고 나만 구차스럽게 살아남았을 때도 그는 나를 수치심 모르는 사람이라고 욕하지 않았다. 오히려 나를 제후에게 추천하여 내 능력을 발휘하게 해주었다. 내가 천하에 공명을 날리고 싶어 한다는 사실을 알았기 때문이다. 세상에 나를 낳아준 분은 부모님이지만, 세상에서 나를 알아준 사람은 포숙이다."

상호 OK 마인드 나누기

포숙은 친구 관중을 인정하고 한없이 어진 우정으로 대했다. 그것을 잊지 않고 뜨거운 감사의 마음을 표한 관중도 좋은 친구다.

미국의 심리학자 에릭 번 박사는 서로가 바람직한 교류를 나누기 위해 필요한 기본적 마음가짐은 자신과 상대방에 대한 OK 마인드라고 말한다. OK 마인드는 마음에 든다, 강하다, 올바르다, 즐겁다, 할 수 있다, 아름답다 등의 긍정적 느낌(OK Feeling)을 말하며 Not OK 마인드는 무가치하다, 밉다, 약하다, 능력이 없다, 틀렸다, 아름답지 않다 등 부정적 느낌(Not OK Feeling)을 뜻한다.

자기 자신에 대하여 OK라고 인식하는 것과 함께 다른 사람들에 대해서도 항상 OK라고 인식하고 그렇게 대할 수 있는 마인드를 지니는 것은 대인관계의 폭과 깊이를 더하고 갈등을 최소화하며 윈윈의 지혜를 만들어낸다. 서로가 그러한 마인드를 주고받을 때 관중과 포숙 같은 아름다운 관계가 맺어지고 유지될 수 있다.

관용을 베풀어
충성을 얻다

모두 갓끈을 잘라라

중국 전국시대 초(楚)나라의 초장왕이 어느 날 밤 신하들을 초청하여 큰 잔치를 벌였다. 한창 술자리가 무르익을 즈음 돌연 바람이 세게 불어 촛불들이 꺼지고 사방이 캄캄해졌다. 이때 어느 신하가 술에 취해 왕의 애첩의 귀를 잡고 입을 맞추었다. 애첩은 깜짝 놀라 엉겁결에 그 사람의 갓끈을 잡아떼고 왕에게 말했다.

"대왕마마, 지금 어떤 자가 첩에게 무례한 짓을 하기에 그의 갓끈을 잡아떼었습니다."

이 말을 들은 왕은 즉시 명령을 내렸다.

"지금 불을 켜지 말고 먼저 모두 갓끈을 떼도록 하라. 갓끈을 떼지 않는 사람에게는 벌을 내리겠다."

그러자 모두 다투어 갓끈을 떼었다. 그리고 촛불을 켜자 누가 무례한 짓을 한 사람인지 구별할 수가 없었다. 신하들 모두 초장왕의 너그러움과 지혜에 탄복하며 밤이 새도록 마시고 노래했다.

2년여의 시간이 흐른 뒤 초나라는 이웃한 강대국 진나라와 전쟁을 벌이게 되었다. 전쟁 초반 초나라는 연전연패하며 매우 위급한 처지에 놓이게 되었다. 초장왕도 병력을 이끌고 전쟁에 직접 나섰다가 패하여 급히 후퇴하며 적에게 쫓기게 되었다.

초장왕이 적에 의해 곧 사로잡힐 순간 장수 하나가 군사를 거느리고 전속력으로 달려와 적을 무찔러주었다.

초장왕은 자신을 구해준 장수를 불러 치하했다. 장수가 초장왕에게 말했다.

"신은 2년 전 대왕마마의 애첩에게 무례한 짓을 하다 갓끈을 떼인 신하로, 그때 대왕마마의 너그러운 관용에 감동하여 어느 때고 대왕마마를 위하여 목숨을 바치려 결심했던 중 이번에 대왕의 군사가 불리하다는 소식을 듣고 전 병력을 이끌고 달려온 것입니다."

용서는 미래를 향하게 한다

가장 용기 있는 행동은 타인을 용서하는 것이다. 오랫동안 용서하지 않고 살아가는 것은 무거운 짐을 지고 산을 오르는 것과 같다. 용서는 과거의 원망과 불평의 족쇄로부터 서로를 해방시켜 미래를 향해 걷도록 해준다. 구성원들을 평가, 보상할 수 있는 권리가 있는 사람이라면 구성원들의 잘못을 용서하고 더 나은 방향을 제시해줄 수 있는 권한도 있다.

약한 자일수록 상대를 용서하지 못한다. 용서한다는 것은 강하다는 증거다. 강자 초장왕의 용서가 더 커다란 충성으로 돌아온 것이다.

정적들을 끌어안다

링컨 대통령에게는 정적(政敵)이 많았다. 제일 큰 정적은 같은 공화당 대통령 지명전의 선두 주자였던 시워드 뉴욕 주지사였다. 여야 모두가 그를 가장 유력한 대통령 감으로 여기고 있었다. 그는 링컨을 시골뜨기 원숭이라고 무시하는 발언을 아무렇지 않게 했다. 그러나 1859년 시카고 전당대회에서 링컨은 시워드를 누르고 대권 후보가 되는 이변을 연출했다.

링컨은 대통령에 당선된 뒤 시워드를 국무장관에 임명했다. 링컨의 도량에 감복한 시워드는 알래스카를 러시아로부터 헐값에 사들이는 기지를 발휘해서 링컨을 도왔다.

재무장관 체이스도 링컨을 위해 일하지 않고 오직 차기대권을 노리기만 했다. 그는 '체이스를 대통령으로'라고 쓴 발기문을 당 안팎의 중진들에게 비밀리에 돌리다 발각됐다.

이때 링컨은 "그런 내용은 읽어본 적도 없고 읽을 생각도 없다"고 말했다. 체이스도 링컨의 그릇 크기에 감복되어 남북전쟁을 승리로 이끄는 데 필요한 자금을 모아들였다.

배려가 담긴
그림

세 개의 초상화

어느 날 왕이 최고의 화가 셋을 불러 자신의 초상화를 그리라고 명령했다. 초상화를 그리기 위해 불러온 세 명의 화가는 왕의 모습을 보고 속으로 크게 놀랐다. 왕은 한쪽 눈이 감겨 있었고 한쪽 다리가 다른 다리보다 짧았고 등은 굽어 있었기 때문이다.

화가들은 어떻게 하면 왕의 모습을 멋있게 그려낼까 고민하며 최선을 다해 초상화를 그렸다. 세 개의 초상화가 완성되어 왕에게 바쳐졌다.

첫 번째 그림은 큰 키에 두 눈을 똑바로 뜨고 두 다리를 버티고 선 풍채 좋은 모습의 초상화였다. 매우 멋진 그림이었으나 왕은 자신의 모습이 아니라는 이유로 화를 내며 그 그림을 버리라고 했다.

두 번째 그림은 애꾸눈에 짝다리, 굽은 등을 지닌 왕의 모습이 사실대로 그려져 있었다. 왕은 자신의 못난 모습이 그대로 나타나 있음에 몹시 마음이 아파 그 그림도 버리라고 했다.

세 번째 그림을 본 왕은 매우 흡족해 했다. 그 그림에는 왕이 말을 타고 사냥하는 모습이 담겨 있었다. 감겨진 한쪽 눈은 목표물을 겨냥하는 것으로 보였으며 짧은 다리는 말 등에 가려져 보이지 않았다. 왕의 굽은 등은 말허리 깊숙이 앉은 정상인의 등처럼 보였다. 왕은 크게 기뻐했다.

왕은 첫 번째 그림에서는 화가의 거짓에 화를 내었으며, 두 번째 그림에서는 화가의 자비심 없음에 아픔을 느꼈다. 세 번째 그림에서는 그림을 그린 화가의 지혜로운 배려에 고마움을 느꼈다.

좋은 인과는 자비심에서 비롯된다

『채근담』에서는 "좁은 길에서는 한 걸음 먼저 양보하여 상대방이 먼저 지나가도록 하고, 이익이 있으면 3분의 1쯤 양보하여 함께 나누라. 만약 사람에게 자비심이 없다면 흙이나 나무와 마찬가지다. 모든 좋은 인과(因果)는 자비심에서 비롯된다"라고 가르친다.

하늘과 땅을 한없이 넓게 하는 것은 양보와 배려다. 마음의 밭에 선행을 심으면 자손(子孫)이 거둔다고 한다. 상대방에게 겸손하고 양보하고 자비를 베풀면 그 역시 그렇게 할 것이다.

칭찬 폭격, 사랑 폭격을 통한 진정한 용서

칭찬과 사랑을 통해 변화시키다

남아프리카 부족의 하나인 바벰바 족 사회에는 범죄가 극히 드물다고 한다.

어쩌다 죄를 짓는 사람이 생기면 그들은 색다른 방법으로 그를 다스린다고 한다. 마을 사람들은 모두 일을 중단하고 광장에 모여들어

죄를 지은 사람을 중심으로 큰 원을 이룬다.

그리고 남녀노소 할 것 없이 한 사람씩 돌아가며 모두가 들을 수 있는 큰소리로 죄를 지은 사람을 칭찬하는 것이다. 그 칭찬의 내용은 죄를 지은 사람이 과거에 했던 좋은 일들이다.

사람들은 진지하게 그를 바라보며 장점, 선행, 미담들을 하나씩 말하는데 과장이나 농담은 섞이지 않는다. 죄지은 사람을 비난하거나 책망하는 소리는 한마디도 않는다. 검사도 없고 판사도 없다. 모든 사람들이 잘못을 저지른 이의 변호사인 것이다.

몇 시간이고 며칠이고 칭찬의 말이 바닥이 날 때까지 계속된다. 칭찬의 말이 바닥나면 그때부터 축제를 벌인다. 죄인이 이제 새사람이 되었음을 인정하고 축하하는 잔치를 벌이는 것이다.

그런데 이 '칭찬 폭격'을 들여다보면 그것은 '사랑의 폭격'이다. 잘못을 저지른 이가 사실은 모두의 사랑과 관심을 받을 뿐 아니라 믿고 있다는 표현을 나누어주는 것이다. 용서라는 말을 사용하지 않고도 용서하고 격려해주는 진정한 용서인 것이다.

이들이 사는 곳은 잠비아의 북부 고원지대로 현대문명이나 물질세계와는 거리가 있다. 그런데 물질만능의 세계에서는 볼 수 없는 최상의 정신세계를 간직하고 있는 것이다. 당연히 범죄가 드물고 서로 사랑하며 도와주고 즐거움과 어려움을 함께 나눌 수 있을 것이다.

04

부와 재능

정의로운 강도, 착한 부자

독립군 자금을 대어주기 위한 가짜 노름

잔치가 끝나고 모였던 손님들도 거의 떠나간 저녁, 멀리 서울서 왔다는 주인의 친구가 사랑방으로 안내되었다. 두 사람은 저녁을 겸상하며 오랫동안 조용히 이런저런 얘기를 나누었다. 그리고 며칠 후 달빛도 없는 깜깜한 밤, 복면을 두른 사내 두 명이 마을에 숨어들었다. 그들은 아직 잔치음식의 여운 탓에 기름 냄새가 남아 있는 어느 기와집 담벼락을 가볍게 뛰어넘었다. 그리고 조심조심 앞마당을 지나 불이 켜져 있는 방의 문을 살며시 열고 들어갔다. 주인은 조금도 놀라는 표정 없이 조용히 자리에서 일어나 이들을 맞았다.

"먼 길 오시느라 수고들 많으셨소."

"우리는 친구 분께서 보낸 사람들이오. 그리 말하면 될 것이라고 듣고 왔소."

주인은 아무 말 않고 고개를 끄덕인 후 종이를 꺼내 사내들에게 주며 말했다.

"돈을 직접 들고 다니면 무거울뿐더러 남의 눈에 띄기도 쉬워 의심받을 것이오. 이 종이를 중국 상해에 있는 ○○상회로 찾아가 전달하면 여기에 적혀 있는 액수만큼 돈을 바꿔줄 것이라고 전해주시오. 그 돈은 내가 여기서 갚을 것이오."

"여기서 어떻게 돈을 갚는단 말이오?"

"그것은 내가 알아서 할 터이니 그대들은 어서 이곳을 잘 빠져나갈 궁리들이나 하시오."

한 달여 시간이 지난 후 부자의 집으로 중국인 한 명이 찾아와 비단을 판 후 주인과 노름을 하여 큰돈을 따갔다는 소문이 마을에 널리 퍼졌다. 그리고 그해 겨울 부자는 어느 마을에서 밤을 새워 노름을 하여 상당한 돈을 잃었다. 모두들 부자를 손가락질했다. 그때 부자의 돈을 따간 노름꾼들이 독립운동 자금을 모으러 다니는 사람들이었다는 것은 한참의 세월이 흐른 뒤였다.

일제 강점기, 몰래 독립운동 자금을 대어주며 노블리스 오블리주를 실천하던 가문에 전해져 내려오는 이야기다.

재물은 베풀수록 늘어난다

베푸는 사람이 참 부자다

묵선(默仙) 선사가 인색한 부자를 만나 말했다.

"당신의 손이 항상 펴진 채로 오므려지지 않는다면 무엇이라 하겠소?"

"기형이라 하겠지요."

"그러면 당신의 주먹이 항상 쥐어진 채로 영원히 펼 수 없다면 뭐라고 말하겠소?"

"그것도 기형이지요."

"그 점을 잘 이해한다면 즐거운 부자가 될 것이오."

부자는 깨달음을 얻어 베풀 줄 아는 삶을 살게 되었다.

하고 싶었고, 해야 할 것을 했을 뿐이오

철강왕 앤드류 카네기가 피츠버그 시에 도서관을 기증하겠다고 제의했으나 피츠버그 시의회는 이를 거절했다. 카네기가 부를 축적한 과정이 공정하지 못했다는 것이 이유였다. 그 후 카네기는 같은 제안을 했으나 시의회는 이번에도 거부했다. 그런데 얼마 뒤 피츠버그 시는 그에게 도서관을 지어달라고 요청해왔다. 카네기는 두말 않고 지난번 자신이 기부하기로 한 금액보다 네 배나 많은 돈을 기부했다.

카네기의 스승인 철학자 허버트 스펜서가 편지를 보내왔다.

"자네는 자존심도 없나? 나 같으면 절대로 그런 짓은 하지 않네."

카네기는 이렇게 답장을 썼다.

"저는 명예라든가 기념 따위는 염두에 두지 않고 오직 시민들을 위해서 기증한 것입니다. 저는 그 사람들 속에서 돈을 벌었기 때문에 그들에게 가치 있는 무언가를 돌려주고 싶었습니다. 그 바람이 이루어져 오직 감사할 뿐입니다."

카네기는 평생 자신이 번 돈의 90% 이상을 교육, 문화, 평화 연구 등 각종 사업을 통해 꾸준히 사회에 환원했다. 그는 사업세계에서 은퇴할 때 이런 말을 했다.

"부자들의 인생은 두 시기로 나뉘어야 한다. 앞은 부를 축적하는 시기이고, 뒤는 부를 올바로 사용해야 하는 시기다."

그의 묘비에는 "자신보다 현명한 사람들을 주위에 모아들이고자 노력했던 사나이, 여기 잠들다"라고 적혀 있다. 사람들의 지혜를 활용하여 부를 쌓은 후 이를 다시 사회로 환원시키는 모범을 보인 것이다.

노자는 "재물이란 그것을 덜어낼수록 보태어지고, 그것을 보탤수록 줄어든다"고 말하며 어려운 곳에 부를 분배할 것을 가르쳤다. 공자 역시 돈이 많다는 것에 아무런 반감을 갖고 있지 않았다. 그는 돈을 벌어 사회의 발전에, 긍정적인 방향에 쓰라고 가르쳤다.

장자는 노년에 비단 옷감을 생산하여 큰돈을 벌었다고 한다. 그리고 그 돈을 가난하고 힘든 사람들을 위해 모두 썼다고 전해진다.

의원에게 필요한 것은
의술과 인술뿐이오

박애 정신의 귀감이 되다

화타(華陀)는 중국 후한시대의 명의다. 그는 어려서부터 춘추시대의 명의 편작(扁鵲)처럼 의술로써 인간세상을 이롭게 하겠다는 뜻을 세우고 세상 각지를 돌아다니며 체험을 쌓고 밤낮을 가리지 않고 배우고 익혔다. 특히 화타는 외과술을 개발하여 사람들의 병을 고치기도 했다.

당시 상식으로는 사람의 몸을 칼로 열어 장기를 수술한다는 것은 받아들이기 어려웠다. 그러나 화타는 어려서부터 동물들을 해부하고 그 장기를 유심히 관찰한 경험을 바탕으로 먹는 약으로 몇 년 걸려 치료할 병도 한 번의 수술로 치료할 수 있다고 환자를 설득하여 병든 장기를 제거하고 새 살을 돋게 하는 외과수술을 선보였다.

또 수만 가지 약초의 특성을 연구하여 서민들이 생활 속에서 쉽게 활용할 수 있도록 가르쳤고, 체조를 통해 일상 속에서 건강관리를 할 수 있도록 지도했다. 외과수술 시 환자들이 생살을 베어낼 때 겪는 고통을 줄여주기 위해 약초들을 잘 조합하여 '마비산'이라는 마취제도 개발했는데, 이 마비산은 수술 중에는 의식을 잃지만 인체에는 아무런 이상이 없는 훌륭한 마취효과를 발휘했다.

화타의 명성을 들은 고을 현령이 그에게 벼슬을 내리고 높은 봉록을 약속하며 관직에 있는 벼슬자리들을 위해 의술을 발휘해줄 것을 요청했다. 그러나 화타는 "의원에게 벼슬이 무슨 소용이 있겠소? 오직 의술과 인술이 필요할 뿐이오"라고 거절하고는 평생을 가난한 사람들을 직접 찾아다니며 의술을 베풀었다.

시대를 앞선 화타의 의술도 매우 훌륭한 업적이지만 그의 박애정신은 동서양을 막론하고 인술을 실천하는 많은 후배 의사들의 귀감이 되고 있다.

감추어져 있던 지혜를 드러내
군주를 구하다

자신을 추천하다

중국 전국시대 말기 조(趙)나라를 진(秦)나라가 침공했다. 힘이 약한 조나라는 초(楚)나라에 구원을 청하는 사신을 보내기로 했다. "이 임무를 누구에게 맡기는 것이 좋겠소?"

혜문왕은 신하들을 보고 물었다. 재상인 조승(趙勝)이 적임자로 추천되었다.

집으로 돌아온 조승은 휘하 신하와 식객들 가운데 20명을 선발하여 대동하기로 했다. 재능 있고 말주변이 있는 인물 위주로 선정하고 나서 마지막 한 명을 고르려 할 때였다. 한 식객이 조승 앞에 나섰다. "저를 데려가시지요."

조승이 보니 마땅히 써본 기억이 없는 얼굴이었다.

"그대는 누군가?" "모수라고 합니다." "내 집에 식객으로 있은 지

얼마나 되었는가?" "3년째입니다." 조승은 얼굴을 찌푸리며 말했다. "뛰어난 재주는 주머니 속 송곳처럼 튀어나와 사람들의 눈에 띄는 법인데, 그대는 식객으로 있은 지 3년이나 되었는데도 내 눈에 띄지 못하였으니 무엇을 믿고 데려갈 수 있겠는가?"

모수가 답했다. "상공께서 저를 주머니에 넣어보시지 않았으니 튀어나올 기회가 없었습니다. 이번에 넣어보시면 자루까지 드러내겠습니다." 낭중지추(囊中之錐)는 주머니 속에 든 송곳이란 뜻으로 뛰어난 능력은 언젠가는 날카로운 끝이 밖으로 도드라지듯 드러나게 된다는 의미다.

조승은 그 말을 듣고 모수를 수행원으로 선발하여 함께 출발했다. 초나라에 도착한 조승은 구원병을 청하기 위해 진땀을 흘리며 초나라 왕을 설득했으나 초나라 왕은 꿈쩍도 하지 않았다.

이때 모수가 칼자루에 손을 대고 앞으로 나와 초나라 왕에게 소리쳤다. "우리를 도와주면 귀국에도 이익이 된다는 것은 명백한 이치이거늘, 왕께서는 왜 망설이십니까? 어서 결단을 내리십시오." 초나라 왕은 깜짝 놀라며 조승에게 물었다. "이 버릇없는 자는 누구냐?" "죄송합니다. 제 수행원이옵니다."

왕은 모수에게 말했다. "나는 너의 주인과 이야기하고 있다. 끼어들지 말라." 그러나 모수는 "주인을 대신하여 이제부터 내가 말할 테니 잘 들으시오"라고 답한 후 조금도 위축되지 않고 구원병을 파병해줄 것을 역설했다. 처음에는 불쾌해 했던 초나라 왕도 모수의 말이 하나하나 이치에 맞자 마침내 동맹을 맺을 것을 결심했다.

초나라의 구원병이 출발하자 제나라는 조나라에 대한 침략을 멈추었다. 모수가 자신을 스스로 추천한 것(毛遂自薦), 조승이 모수를 선택한 것은 모두 적합한 때, 적합한 사람과의 만남과 활용이었다.

인류의 정신문명 향상에 기여한 조용한 노력

아무도 시키지 않았지만 홀로 궁리하고 궁리하다

서기 105년 발명된 종이는 화약, 인쇄술, 지남거(指南車, 항상 남쪽을 향하는 수레. 오늘날의 나침반 역할)와 함께 고대 중국의 4대 발명품으로 불린다.

역사와 지식을 기록하고 보관, 전달하며 인류 문명의 큰 발전을 가져온 종이를 발명한 사람은 중국의 채륜(蔡倫)이다.

그는 중국 후한 시절의 인물로 천자의 문서를 관리하는 직책에 있었다. 당시 천자에게 올리는 문서에는 주로 비단이 사용되고 일반 서민들은 비싼 비단 대신 대나무를 이어 만든 죽간(竹簡)을 사용하고 있었는데 죽간은 휴대와 보관이 쉽지 않았다.

채륜은 중상시라는 높은 벼슬을 하고 있어서 스스로는 아무런 제약 없이 손쉽게 비단을 사용할 수 있었다. 그러나 일반 백성의 불편을 눈여겨보고는 값도 싸면서 만들기 쉽고 사용하기도 편리한 필기도구를 개발하기 위해 불철주야 연구에 연구를 거듭했다.

여러 종류의 옷감을 삶아 말린 후 실험하는 것은 물론, 폐기된 그물까지 찢어 펴서 붓으로 글씨를 써보기도 했다. 수천 번의 시행착오를 거듭한 끝에 드디어 그는 나무껍질을 삶고 찧어 실오리를 만든 후 씨줄과 날줄, 즉 가로와 세로를 풀로 이어 붙여 최초의 종이를 개발했다.

종이는 죽간에 비하면 얇으면서도 가볍고, 접거나 말아서 보관하기도 좋았으며 양피지나 비단에 비해서는 매우 값이 싸서 누구나 손쉽게 구입하여 글을 적을 수 있게 된 것이다. 종이는 처음에 채륜의 이름을 따 '채후지'로 불렸는데, 이후 전 세계에 전파되었다.

높은 신분과 충분한 급여로 불편함 없이 살 수 있었던 신분이었음에도 불구하고 어려운 사람들의 편리를 위해 시간과 비용을 쏟으며 땀 흘린 채륜의 업적인 종이는 인류 지성 확대의 중요한 도구가 되었다.

열린 마음으로
재능을 베풀다

함께 나누라고 신이 베풀어주신 재능

이탈리아의 엔리코 카루소(1873~1921)는 뉴욕의 메트로폴리탄 극장에서만 607회 출연하는 기록을 보유하는 등 세계적인 명성을 얻었던 테너 가수다.

어느 날 그가 시내를 걷다가 옛 친구를 만났다. 두 사람은 어느 음식점으로 들어갔는데, 그곳에는 이미 많은 손님들이 자리 잡고 앉아 있었다. 두 사람이 음식을 청할 때 종업원이 카루소를 알아보고 주방을 향해 소리쳤다. "여기 테너 가수 카루소 선생님이 오셨어요!"

종업원의 말이 떨어지자 요리사가 즉시 달려왔다. 그리고 아주 공손한 태도로 인사했다. "선생님을 이곳에서 뵙게 되다니 꿈만 같습니다. 저는 평소에 선생님의 노래를 직접 듣는 것이 소원이었습니다."

카루소가 말했다. "그러면 당장 이곳에서 들려드리지요."

"정말요? 말씀은 너무 감사하지만 선생님 같은 분이 이런 곳에서 노래하시게 할 수 없습니다. 게다가 저는 지금 조리복을 입고 있는데요."

"괜찮습니다. 조금도 염려하지 마세요" 하고 카루소는 요리사를 안심시키고 노래를 시작했다.

그의 아름다운 노랫소리가 식당 안에 가득히 울려 퍼졌다. 노래가 끝났을 때 다른 손님들도 그가 카루소라는 사실을 알게 되었고, 모두 감동 어린 표정으로 힘찬 박수를 쳤다. 요리사는 감격해서 어쩔 줄 몰라 했다.

식사가 끝난 후 친구가 카루소에게 "자네 같은 위대한 테너가수가 왜 그렇게 아무 곳에서나 노래를 불러주는가?" 하고 핀잔을 주었다. 카루소는 이렇게 대답했다.

"저 요리사도 맛있는 요리를 만들어 다른 사람을 기쁘게 해주는 예술가가 아닌가? 게다가 그는 나의 노래를 직접 듣는 것이 소원이라고 했네. 예술가가 예술가를 위해 노래를 하나 부르는데 그렇게 인색할 필요가 무엇이겠는가? 나의 재능은 모두와 함께 나누라고 신이 베풀어주신 것이라고 생각하네."

유명하다는 것과 훌륭하다는 것은 다르다. 재능을 발휘하여 널리 유명해지는 것도 좋지만, 자신을 원하는 사람들에게 희망과 용기를 나누어줄 수 있는 행동은 분명 훌륭한 일이다.

돈을 벌려고 과학자가 된 것이 아니다

인터넷을 대중에게

영국의 팀 버너스 리는 월드와이드웹(WWW, World Wide Web)의 고안자로서 인터넷을 대중에게 가져다준 과학자다. 월드와이드웹의 발명은 인류 문명사에서 구텐베르크의 활판 인쇄술에 버금가는 것으로 평가된다. 그는 유럽입자물리연구소(CERN)에 근무 중이던 1989년 월드와이드웹의 하이퍼텍스트 시스템을 고안하여 인터넷의 아버지라고도 불린다.

 버너스 리는 옥스퍼드 대학교에서 이론물리학을 전공한 후 통신회사와 소프트웨어 회사를 거쳐 CERN에서 일했다. 당시 CERN의 많은 과학자들은 다양한 컴퓨터를 각자 사용함에 따라 동료들과 작업을 공유하기가 쉽지 않았다. 버너스 리는 CERN의 컴퓨터들이 장애 없이 정보를 공유할 수 있는 정보관리 시스템을 구축하는 것은 물론 CERN의 컴퓨터들을 연구소 밖에 있는 전 세계의 컴퓨터들과 연결할 수 있는 시스템을 구상하고자 했다.

 처음에 그의 이런 생각은 동료들로부터 거의 관심을 끌지 못했지만, 그는 자신의 작업이 모두에게 도움이 될 것이라는 확신을 지니고 노력하여 마침내 '월드와이드웹'이라는 브라우저용 코드를 개발했는데, 그 후 이 명칭은 가상공간을 지칭하는 용어가 된다.

그는 월드와이드웹 브라우저를 배포하고 웹 서버를 개방, 누구나 무료로 사용하고 수정할 수 있도록 했다. 버너스 리는 연구소의 직원들에게 웹 기반 기술을 공개하도록 설득했고, 웹의 발전방향을 합의하기 위해 월드와이드웹 컨소시엄(World Wide Web Consortium) 설립을 주도했다. 월드와이드웹은 모든 인류가 인터넷을 사용할 수 있도록 해주었다.

과학적 박애주의의 실현

버너스 리가 자신의 발명을 세상 사람들에게 무료로 공개한 것은 20세기의 가장 위대한 과학적 박애주의 행동으로 칭송받는다. 부와 명성과는 관계없이 인류문명의 발달을 위해 노력하는 과학자들은 버너스 리 한 명만은 아닐 것이고, 모든 과학자들이 그러할 것이다.

버너스 리는 인터넷을 통해 돈을 벌지 않았지만 그가 무료로 공개한 인터넷 기반 기술을 이용하여 돈을 번 사람들은 매우 많다. 아이러니하게도 거기에는 게임과 도박, 섹스 사이트들을 운영하는 이들까지 포함되니 참으로 안타까울 뿐이다.

05

지지와 격려

친구를 업고
눈길을 걷다

혼자 걷다 미끄러지면 도와줄 사람이 없다네

추운 겨울날 인적 드문 시베리아 벌판에서 두 친구가 걷고 있었다. 급한 볼일이 있는지 두 사람 모두 몹시 서두르는 것 같았지만 푹푹 빠지는 눈길은 걸음을 몹시 더디게 했다. 두 사람은 힘을 아끼기 위해 아무런 말도 주고받지 않았다.

몹시 미끄럽고 가파른 눈길을 겨우 올라선 후 한 사람이 말했다.

"여보게, 나는 이제 지쳐서 더 걷기가 힘드네. 나를 두고 자네 혼자 마을로 가서 사람들에게 눈썰매를 끌고 올 수 있도록 알려주게."

다른 사람이 말했다.

"그건 안 되네. 함께 가야 하니 내게 업히게."

"아닐세, 나를 업고 가면 자네까지 지쳐서 우리 둘 다 마을에 도착할 수 없네. 어서 나를 두고 혼자 가게."

"자네가 내게 업혀서라도 가지 않으면 나도 여기서 가던 길을 멈추겠네. 우리가 함께 있으면 두 사람 중 한 사람이 넘어졌을 때 다른 사람이 일으켜줄 수 있으나, 혼자 걷다 미끄러져 넘어지면 그때는 아무도 도와줄 수 없네. 둘이 있으면 늑대들도 쉽게 공격하지 않네. 어서 업히게."

한 친구가 다른 친구를 등에 업고 길을 걷기 시작했다. 친구를 등에 업고 걷던 친구가 말했다.

"여보게, 자네를 등에 업으니 따뜻해져서 좋구먼."

"그러게 말일세. 나도 자네가 업어주니 몸도 따뜻해지고 힘도 다시 생기네. 이제 나 혼자 걸어도 될 것 같네."

"조금만 더 내 등에 업혀 가게."

두 친구는 마을에 도착하여 급한 일을 처리할 수 있었다.

두 사람의 마음이 합해지면 단단한 쇠붙이도 끊을 수 있는 힘이 생기고 여러 사람이 협력하면 견고한 성벽을 이룬다(衆志成城, 중지성성)고 『주역』은 가르친다. 두 사람의 체온이 맞닿으면 따뜻해진다. 지친 친구를 등에 업고 가는 것이 서로를 살리는 길이었다.

구하러 올 줄
알았습니다

비밀문서를 품 안에 간직하고 기다리다

제2차 세계대전 때 영국 특공대 1개 분대가 적의 비밀문서를 입수하기 위한 임무를 맡아 어둠을 뚫고 적진 깊숙이 침투했다. 분대원들은 최선을 다해 임무를 수행하고 작전 종료 시간이 되자 정해진 약속 장소로 집결하기 시작했다. 그런데 시간이 되어도 한 명의 병사가 나타나지 않았다. 그는 비밀문서를 최종적으로 품 안에 간직한 병사였다.

분대장과 분대원들이 초조히 더 기다렸지만 시간이 흘러도 그 병사는 돌아오지 않았다. 날이 밝으면 적의 눈에 발각될 확률이 매우 높았다. 분대장은 어쩔 수 없이 그대로 철수 명령을 내릴 수밖에 없었다. 그때 병사 하나가 분대장에게 자신이 돌아오지 않는 병사를 찾아오겠다고 자원하며 잠시 동안만 더 기다려달라고 제안했다. 분대장은 그 병사마저 돌아오지 못하면 안 된다는 생각을 했지만, 다른 병사들의 사기를 생각해 마지못해 허락하였다. 그리고 다른 병사들은 먼저 본대로 철수시킨 후 자신은 남아 있기로 했다.

그리고 오랜 시간이 흘렀다. 이미 약속된 시간을 넘겼지만 분대장은 철수하지 않고 실종된 병사를 찾아 나선 분대원을 기다렸다. 드디어 그가 나타났다. 그런데 그의 표정은 그리 밝지 않았다. 분대장이 상황을 짐작하고 위로했다.

"할 수 없지. 가망이 없는 일이었어. 자네라도 돌아와 다행이야."

"분대장님! 제가 그를 발견했을 때 그는 크게 부상당한 몸이었지만 저를 보더니 꼭 찾으러 올 줄 알았다며 무척 기뻐했습니다. 제가 그를 안아 일으키려 할 때 그는 숨을 거두며 분대장님과 여러 분대원들의 행운을 빌면서 이것을 품에서 꺼내 저에게 주었습니다." 그는 죽은 병사가 전해준 비밀문서를 분대장에게 넘겨주었다.

실종된 병사를 찾으러 나간 병사의 전우애가 마지막 길을 떠나는 병사를 위로하고 중요한 문서를 구하는 임무를 완수하도록 한 것이다.

새끼 거북들 이야기

모래 구덩이에서의 탈출 확률을 높이는 협동

바다거북은 자신이 태어난 곳에서 4000km 이상을 헤엄쳐 살아가다가 산란을 위해 다시 돌아온다. 수만 마리의 바다거북들이 알을 낳기 위해 자신이 부화했던 해변에 기어오르는 이 불가사의한 귀소행위를 코스타리카 지역에서는 '도착'이라는 의미를 지닌 현지어 '아리바다'라고 표현한다.

산란지역에 도착한 바다거북은 바닷가 모래 속 깊이 구덩이를 파고 100여 개 정도의 알을 낳는다. 그리고 모래를 끌어 모아 구덩이를 덮는다. 알들을 보호하기 위해서다. 이런 식으로 한 번 산란할 때 10여

개의 구덩이를 파고 알을 낳는다. 이렇게 무더기로 낳은 알에서 부화한 새끼들은 어떻게 모래 구덩이를 빠져나올까?

구덩이에서 막 깨어난 맨 꼭대기의 새끼거북은 천장의 모래를 퍼낸다. 가운데에 있는 새끼들은 벽을 허물고, 아래에 있는 새끼들은 떨어지는 모래를 밟아 다진다. 그렇게 해서 새끼거북들은 단 한 마리도 빠짐없이 깊은 모래구덩이에서 빠져나와 다시 깊은 바다로의 항해를 시작한다.

어느 동물학자가 실험해보니 알을 한 개씩 묻었더니 27%, 두 개씩 묻어놓았을 때는 84%, 네 개 이상을 묻으면 거의 100%의 새끼가 구덩이 밖으로 나왔다고 한다. 협력을 하면 구덩이에서 탈출할 수 있는 확률이 더욱 높아지는 것이다.

육상 경기에서 400m 계주의 기록은 100m 달리기를 네 번 한 기록보다 빠르다.

사람이 모일수록 자기 힘을 100% 발휘하지 않는 경우도 있지만 협력은 분명 서로 도움을 주고 더 효율적으로 큰 성과를 낼 수 있게 한다.

어린 새끼 거북들의 행동은 역할분담과 협동의 뛰어난 팀워크를 보여주는 것이다.

너와 우리가 있기에
내가 있다

함께 손을 잡고 들어오다

어느 인류학자가 아프리카에서 아이들을 대상으로 게임을 제안했다. 달리기 시합을 하여 1등으로 들어온 아이에게 풍성한 사탕과 과일을 주겠노라고 한 후 아이들을 달리게 했다. 그런데 1등으로 달리던 아이가 골인 지점에서 다른 아이들을 기다린 후 모두 손을 잡고 동시에 들어왔다.

인류학자가 이유를 물어보자 아이들 모두가 "우분트!" 하고 대답했다. 1등으로 달렸던 아이가 덧붙였다.

"나머지 다른 아이들이 슬픈데 어떻게 나만 기분 좋을 수 있는 거죠?"

'Ubuntu'라는 말은 아프리카 반투 족의 말로서 "당신이 있기에 우리가 있고, 우리가 있기에 내가 있다"라는 뜻이라고 한다.

인간은 자연 상태에서 결코 혼자서 생존할 수 없다. 함께하며 도움을 주고받는 것만이 서로의 생존을 가능하게 한다. 그것이 바로 팀워크다.

All for One, One for All

맹자는 도(道)를 깨닫고 실천한다는 것은 서로 돕고 사는 것이라고 말했다(得道多助, 득도다조).

바람직한 팀워크가 조성되기 위해서는 서로 조화를 이루며 주어진 역할에 충실함은 물론 조직목표 달성을 위해 헌신하는 'All for One, One for All'의 마인드가 바탕에 있어야 한다. 그것을 바탕으로 '목표 달성을 위한 구성원의 유기적 역할분담'과 팀 구성원들 사이에 '긍정적 상호작용'이 이루어진다면 단단한 팀워크가 형성될 수 있다.

06

깨달음

공자에게 깨달음을
나누어준 어부

사람들이 고쳐야 할 여덟 가지 결점과 네 가지 버릇

공자가 숲을 등지고 강 근처 바위에 올라 거문고를 뜯으며 노래했다. 한 늙은 어부가 강변에 앉아 노래를 듣다 공자의 제자에게 물었다. "바위에 앉아 노래를 하는 분은 누구신가요?"

제자들이 자랑스러워하며 말했다. "군주들에게 인의예지(仁義禮智)를 논하시며 온 천하를 태평하도록 만들려는 분이지요."

어부가 고개를 끄덕이며 혼잣말을 했다. "그런 고생을 할수록 대도(大道)와는 점점 멀어지는데…안타깝구려."

제자들이 어부와 나눈 이야기를 전해들은 공자는 그 어부가 큰 지혜를 지니고 있음을 깨닫고 즉시 물고기를 잡고 있는 어부를 찾아갔다. 그리고 가르침을 부탁했다.

늙은 어부가 공자에게 사람들이 고쳐야 할 여덟 가지 결점과 네 가지 버릇을 가르쳐주었다.

"먼저 여덟 가지 결점을 말하겠소.

첫째, 하지 않아야 할 일을 하려 하는 것.

둘째, 남이 듣지 않는데도 자기 말만 늘어놓는 것.

셋째, 상대의 기분을 맞춰가며 듣기 좋은 아첨만 하는 것.

넷째, 옳고 그름을 따지지 않고 힘 있는 사람의 말만 따르는 것.

다섯째, 다른 사람의 단점을 잘 들추는 것.

여섯째, 다른 사람들의 결합을 깨트리는 것.

일곱째, 간사한 이를 칭찬하고 자기보다 나은 이는 멀리하는 것.

여덟째, 선악을 가리지 않고 자기한테 유리한 것만 좋게 보는 것.

다음은 네 가지 나쁜 버릇을 말하겠소.

첫째, 공명심(功名心) 때문에 큰일을 벌이려 하는 것.

둘째, 잘난 체하며 자기주장만 내세우고 남을 무시하는 것.

셋째, 잘못을 고치지 않고 타이름을 들으면 오히려 화를 내는 것.

넷째, 입장이 같으면 옳다 하고 다르면 무조건 틀리다 하는 것.

만약 한 사람이 이 네 가지 버릇을 다 가지고 있다면 그와는 도(道)를 논하기 어렵소."

공자는 늙은 어부가 나누어준 가르침에 예를 갖추어 감사의 인사를 한 후 자신을 반성하며 돌아섰다고 한다.

아내의
질책

어째서 거들먹거리시는 겁니까?

중국 춘추시대 제나라의 명재상 안자(晏子)의 수레를 모는 부하는 외모가 출중했다. 안자는 틈나는 대로 수레를 타고 직접 민정을 시찰하러 다녔기에 수레를 모는 부하의 아내는 가끔 남편이 안자를 모시고 다니는 모습을 볼 수 있었다.

어느 날 일을 마치고 집으로 돌아온 마부를 아내가 조용히 부른 후 이혼을 요구했다. 마부는 깜짝 놀라며 이유를 물었다. 아내가 답했다.

"오늘 장에 들러 돌아오는 길에 당신이 재상의 수레를 모는 모습을 보게 되었습니다. 네 마리 말이 끄는 수레 안에 앉아 계신 재상 님은 키가 당신보다 작고 외모도 그리 훌륭하지는 않았으나 매우 겸허한 모습이셨습니다. 그분의 얼굴에서 백성을 아끼는 마음과 깊은 학식을 절로 느낄 수 있었습니다. 반면 수레를 모는 당신은 마치 자신이 재상인 것처럼 우쭐대며 아주 의기양양한 모습이었습니다. 지금 당신은 몸도 튼튼하고 인물도 훌륭한데 마부로서 만족한 채 그럭저럭 살아가고 있습니다. 나는 당신의 그런 모습이 안타까워 이혼하려는 것입니다."

아내의 따끔한 질책을 받아들인 마부는 크게 반성했다. 그리고 이후로는 재상의 수레를 몰며 언행을 조심했다. 재상 안자가 이 이야기를 전해 듣고는 그를 대부(大夫)가 될 수 있도록 추천했다.

안자는 자신의 잘못을 3년 동안 한번도 지적한 적이 없다는 이유로

부하를 해고한 적이 있었는데, 그런 안자가 마부를 대부로 추천할 정도였으니 마부가 얼마나 큰 반성을 하고 자기를 갈고 닦았을지 짐작할 수 있다.

충고를 받아들인 마부도 훌륭하다

충고는 하기는 쉬워도 받아들이기는 어렵다. 아무리 좋은 지적도 받아들이지 않으면 안 하느니만 못한 결과를 초래하기도 한다. 공자는 "충고해서 잘 이끌어주되 듣지 않으면 어쩔 수 없다"고 했고, 장자는 "다른 사람의 말을 듣지 않고 자신의 세계에만 빠져 있는 사람은 평생을 가도 진리를 깨달을 수 없다"고 말했다. 아내의 충고를 받아들인 마부가 대단한 인물임은 틀림없을 것이다.

천문지리 공부를 분발시킨 농부

무엇이 되고자 한다면 필요한 것을 공부하라

제갈공명의 본명은 제갈량이다. 소년 시절 그가 농사를 짓는 부모를 돕기 위해 들판에서 형 제갈근과 함께 밀을 추수하고 있었다. 이때 들판을 지나며 이들 형제가 추수하는 모습을 본 농부가 큰소리로 말했다.

"얘들아, 곧 비가 올 것 같으니 오늘은 더 이상 추수하지 말고 이미 추수한 밀들만 빨리 곳간으로 옮겨두어라."

제갈량이 답했다. "아저씨, 날씨가 이렇게 좋은데 어찌 비가 올 것이라고 하시나요?"

"아니다. 오늘은 비가 올 것이니라."

제갈량 형제는 아무 답도 하지 않고 계속 밀을 추수했다. 농부는 그런 형제를 멀리서 지켜보며 서 있었다. 얼마 후 바람이 불고 천둥이 치며 장대 같은 비가 쏟아지기 시작했다. 형제가 당황해 하자 농부가 뛰어와 이미 베어놓은 밀들을 높은 곳으로 함께 옮겨주었다. 미처 옮기지 못한 밀단들은 빗물에 쓸려가거나 흙에 파묻혔다.

한참 후 비가 그치고 집에 돌아오는 길에 제갈량이 농부에게 사죄하며 물었다. "아저씨는 어떻게 비가 내릴 것을 알고 계셨나요?"

농부가 웃으며 답했다. "농사를 지으려면 날씨부터 살필 줄 알아야 한단다. 아침 노을이 끼면 집을 나서지 말고 저녁 노을이 끼면 천리를 가라는 말이 있단다. 오늘 아침에 빨간 노을이 끼기에 큰 비가 올 줄 알았단다. 너도 무엇이 되고자 하기 전에 알아두어야 할 것은 알아두는 것이 좋단다."

제갈량은 농부의 말에 크게 깨닫고 정치나 군사, 어떤 분야라 하더라도 실수하지 않고 제대로 뜻을 펼치기 위해서는 먼저 익히고 살펴야 할 것이 있음에 더욱 유의하며 열심히 공부했다. 이때 갈고 닦은 천문지리에 대한 식견은 추후 유비와 손권의 연합군이 조조의 공격을 막기 위해 펼친 적벽대전의 화공(火攻) 작전에 효과적으로 응용되었다.

제자의
제자 되기를 청한 스승

이제부터 나를 제자로 삼고 가르쳐다오

중국 남북조 시대 북위(北魏)의 공번이라는 학자 밑에 이밀(李謐)이라는 제자가 있었다. 이밀은 천성이 총명한 데다 학문을 대하는 태도가 매우 성실하여 몇 년이 지나자 스승의 학문 수준을 능가하게 되었다. 공번은 이제 이밀에게 더 이상 자신이 가르칠 것이 없다고 생각되자 어느 날 많은 사람들이 모여 있는 자리에서 이밀에게 자신의 스승이 되어주기를 청했다.

제자들과 친구들이 그의 행동에 놀라움을 금치 못했으나 곧 이어 그의 용기를 높이 칭찬했다. 그 칭찬에는 공번이 훌륭한 제자를 길러낸 것도 포함된 것이었다.

청출어람(靑出於藍, 쪽에서 나온 푸른 물감이 쪽빛보다 더 푸르다는 뜻으로 제자가 스승보다 더 나음을 비유하는 말)은 저절로 이루어지는 것이 아니다. 제자의 재능을 인정하고, 격려하며 갈고 닦아줄 수 있는 스승이 있어야 한다. 그런 훌륭한 스승 밑에서 수행한 후 세상에 나오는 인재를 우리는 '출람지재(出藍之才)'라고 한다.

후배들과 깨달음을 나눈다

공자는 "젊은 후진을 두려워해야 한다. 후배들이 지금 사람들보다 못하다고 할 수 있겠는가?"라고 말했다. 어린 사람들을 야단치고 훈계하는 것보다 어린 사람들에게서 놀라운 점, 배울 점, 좋은 점을 발견하는 것이야말로 어른의 넉넉함이다.

"스승이면서 친구가 될 수 없다면 진정한 스승이 아니고, 친구이면서 스승이 될 수 없다면 그 또한 진정한 친구가 아니다"라는 말이 있다.

상사가 두려운 존재, 질책하는 존재, 성과를 독차지하는 존재가 아니라 서로 깨우침을 주고받으며 공정하게 성과를 나누고 위로와 격려, 칭찬을 하는 존재로 인식되면 부하는 더욱 마음을 열고 능력을 발휘할 수 있다.

출람지재가 많이 나오는 세상은 아름답다. 그런 세상은 공변과 같이 비록 제자라 하더라도 다른 사람의 뛰어남을 인정하고 배우려는 열린 마음이 만드는 것이다.

신하들의 충언을 받아들이다

서로 밝아야 충언을 주고받는다

중국 당나라 태종 황제가 즉위 초에 관리들의 부패를 바로잡기 위해 특별감찰을 벌였다. 그런데 감찰을 벌이는 과정에서 일부러 사람을 시켜 관리들에게 뇌물을 주고 이를 받은 자들을 잡아들이는 일이 벌어졌다. 이런 함정단속에 의해 잡힌 관리들을 처벌하려 하자 신하 배구(裵矩)가 반대하고 나섰다.

"국가질서의 근본은 군신 간의 믿음입니다. 비리를 다스린다는 명목으로 임금이 신하를 속이는 방법을 쓴다면 이는 나라를 옳게 다스리는 방법이 결코 아닙니다."

태종은 그의 간언을 받아들여 잡아들인 관리들을 훈계 방면했다.

『자치통감』에서는 이 일을 이렇게 평했다. "임금이 밝으면 신하가 곧다. 임금이 자기 허물 얘기를 듣기 싫어하면 충신도 간신이 되는 것이요, 임금이 기꺼이 직언을 들으면 간신도 충신이 되는 법이다. 임금이 기둥이라면 신하는 그림자니, 기둥이 움직이면 그림자도 따르는 것이다."

한 자리에서 3계급을 특진시키다

조선 시대 문신 이관명이 암행어사의 임무를 띠고 경상도 지방을 다녀와 왕을 배알했다. 숙종이 물었다.

"그래 경상도 지역은 어떻던가?"

"예, 다른 곳은 문제가 없사오나 통영지방에 섬 하나를 소유한 후궁 한 분의 수탈이 심하여 백성들의 원성이 자자합니다."

"아니, 이 나라의 임금인 내가 후궁에게 섬 하나를 준 것을 가지고 그렇게 시끄럽단 말이오?"

이관명은 주저 없이 대답했다.

"폐하, 소신이 폐하를 가까이 모실 때는 이러지 않으셨는데 1년 동안 밖에 나가 있다 돌아와보니 폐하의 과격하심이 심해졌사옵니다. 이는 곧 임금께 바른 말을 하는 신하가 없었다는 뜻이니, 모든 신하들을 파직하셔야 마땅한 줄 아옵니다."

숙종은 그 자리에서 승지를 불러 어명을 내렸다.

"이관명에게 부제학을 제수하노라. 부제학 이관명에게 홍문관 전교를 명한다. 홍문관 전교 이관명에게 호조판서를 명한다."

배열하고 있던 대신들은 깜짝 놀랐다. 임금이 진노할 줄 알았는데 오히려 승진이라는 상이 내려졌기 때문이다. 그것도 한자리에서 연이어 3계급을 특진시킨 것이다.

숙종은 이관명에게 조용히 말했다.

"경의 말이 과인의 잘못을 깨닫게 해주었소. 경은 앞으로도 바른 말을 계속해주길 바라오."

고언(苦言)이란 듣기에는 거슬리지만 유익한 충고의 말이다. 입에 쓴 약이 몸에 좋듯이, 듣기 싫은 고언이야말로 유익한 말이다. 아랫사람이 자신의 위치에서 받을 불이익을 감수하고 전해오는 고언은 순수한 염려와 희생, 그리고 사랑이 포함되어 있음을 유념하고 그 뜻을 헤아릴 수 있어야 한다.

| 4부 |

뒤집기의 지혜
유연하게 생각하고 다른 것을 받아들이기

닫힌 문을 바라보며 걱정만 하는 태도를 버리고, 한쪽 문이 닫히면 다른 문을 두드려야 한다. 무한한 가능성을 찾을 수 있는 새로운 문을 앞에 두고 아무것도 하지 않은 채 서 있어서는 안 된다. 신이 열어준 다른 쪽 문으로 들어가기 위해 열쇠를 만들거나 노크를 하는 것은 들어가고자 하는 이가 해야 할 몫이다.

고정관념을 깨고
입장을 바꿔 생각하고
행동하는 용기는
참으로 가치 있다.

다른 생각을 유연하게 전개하고
다른 것을 받아들이며
다름의 가치를 인정하는 것은 더 넓고 높은 세계로
우리를 데려다준다.

01

역지사지

물이 담긴
양동이 세 개

시원한 물 다음에 따뜻한 물, 따뜻한 물 다음에 시원한 물

물이 담긴 양동이 세 개가 있었다. 한 양동이에는 차가운 물, 또 하나의 양동이에는 미지근한 물, 마지막 한 양동이에는 뜨거운 물이 담겨 있었다.

갑순이는 먼저 시원한 물이 담긴 양동이에 한참 동안 손을 넣었다가 뺀 후 미지근한 물이 담긴 양동이에 그 손을 넣었다. 그러더니 "아이, 뜨거워" 하며 손을 뺐다.

갑돌이는 먼저 뜨거운 물이 가득 담긴 양동이에 한 손을 한참 넣었다가 미지근한 물이 담긴 양동이에 그 손을 넣었다. 그리고 말했다.

"아, 시원하다."

다른 사람의 신발을 신어보라

우리는 다른 사람들의 입장과 처지, 환경에 대한 고려 없이 자신만의 시각으로 타인의 행동과 생각을 해석하려 한다.

인디언 속담에 이런 말이 있다. "다른 사람의 신발을 신고 1마일을 걸어보기 전까지는 그 사람에 대해 말하지 말라."

자신의 이해관계를 우선하여 생각하고 판단하는 것을 탓할 수는 없으나 때로는 다른 사람이 왜 그렇게 생각하고 말하고 행동하는지 입장과 처지를 바꾸어볼 필요도 있다.

말을 사랑하려면
말의 방식으로 사랑해야 한다

할아버지와 소년의 이야기

넓은 초원에서 할아버지와 어린 손자가 말을 키우며 살았다.

소년은 말과 초원을 달리며 즐거운 시간을 보냈고, 할아버지는 그런 모습을 바라보며 흐뭇한 미소를 지었다.

어느 날 할아버지는 도시에 사는 친척 집에 며칠 들러달라는 연락을 받았다. 할아버지는 소년에게 말을 잘 돌보아줄 것을 당부하며 도시로 떠났다.

소년은 평소와 다름없이 말과 함께 즐겁게 지내며 할아버지가 돌아오실 날을 기다렸다. 그런데 할아버지가 돌아오시기로 한 전날 갑자기 거센 비바람이 몰아쳤다. 초원에서 뛰어놀던 말과 소년은 꼼짝없이 비에 흠뻑 젖은 채 집으로 돌아왔다.

그날 저녁 말은 열을 내며 아무런 먹이도 먹지 못하고 괴로워했다. 소년은 말이 열을 내리도록 물을 먹이며 간호했다. 말의 열은 더욱 높아졌다. 비바람 소리를 들으며 소년은 밤새도록 말의 곁을 지켰다. 그러나 다음날 아침, 정성을 다한 소년의 보살핌에도 보람 없이 말은 죽고 말았다.

한낮이 되어 돌아온 할아버지 앞에서 소년은 통곡을 했다.

"할아버지, 전 최선을 다했어요. 최선을 다해 말을 돌보았어요."

할아버지가 어린 손자의 등을 어루만지며 말했다.

"얘야, 말은 열이 날 때 절대 물을 먹여서는 안 된단다. 너는 네 방식대로 말을 사랑한 거야. 말을 사랑하려면 너의 방식이 아닌 말의 방식이어야 하는 거란다."

공자의 뉘우침

보고 들은 것이 진실이 아닐 수도 있다

공자가 제자들과 먼 길을 가던 중 식량이 떨어져 며칠 동안 아무것도 먹지 못했다.

다행히 어느 마을에서 제자 안회가 어렵게 쌀을 구해왔다. 공자는 밥을 짓는 부엌을 들여다보다가 깜짝 놀랐다. 안회가 밥을 한 주먹 먹는 모습을 보았기 때문이다. 공자는 안회에게 실망했다. 크게 아끼는 제자였기 때문에 화도 함께 났다. 자신의 방으로 돌아온 공자에게 안회가 밥이 다 되었다고 전했다.

"안회야, 방금 꿈속에서 선친을 뵈었는데 밥이 다 되거든 먼저 조상에게 제사를 지내라고 하더구나"라고 공자가 말했다.

밥을 몰래 먹은 안회를 뉘우치게 하려는 의도였다.

그 말을 들은 안회는 곧장 무릎을 꿇고 말했다.

"스승님, 이 밥으로는 제사를 지낼 수 없습니다. 제가 밥솥 뚜껑을 여는 순간 천장에서 흙덩이가 떨어졌습니다. 더럽혀진 것을 스승님께 드릴 수는 없고 버리자니 아까워 제가 먹었습니다."

공자는 잠시나마 안회를 의심한 것이 후회스러워 다른 제자들에게 말했다.

"예전에 나는 나의 눈을 믿었다. 그러나 나의 눈도 완전히 믿을 것이 되지 못하는구나. 예전에 나는 나의 머리를 믿었다. 그러나 나의 머리 역시 완전히 믿을 것이 못되는구나. 너희는 보고 들은 것이 꼭 진실이 아닐 수 있음을 명심하여라."

귀로 직접 듣거나 눈으로 본 것이라고 해도 진실 전체를 알 수 있는 것이 아니다. 귀에 들리고 눈에 보이는 것만으로 타인을 비난하거나 판단하는 오류를 범하지 않아야 한다.

말을 되돌려 받아온 제자

눈높이로 대화를 나누다

중국 춘추전국시대 여러 제후들을 만나며 방랑 생활을 하던 공자가 어느 나라에서 제자들과 길을 가다가 쉬던 중 나무에 매어놓았던 말 한 마리가 줄이 풀리자 근처 농부의 밭으로 들어가 농작물을 망쳐버리는 일이 발생했다.

화가 난 농부는 망쳐버린 농작물 값을 대신하여 그 말을 끌고 가버렸다. 난처해진 공자가 제자들에게 물었다.

"누가 말을 되찾아올 수 있겠느냐?"

평소 말주변이 좋다는 평을 듣던 제자 자공(子貢)이 나섰다. 자공은 타고난 달변가로 공자를 모시고 세상을 돌아다닐 때 식량이 떨어지면 마을 유지를 만나 거짓말처럼 쌀을 구해오던 제자였다. 그러나 이번에는 그의 말재주가 먹히지 않는지 아무리 설득해도 농부는 화를 내며 말을 되돌려주지 않았다.

자공은 풀이 죽어 되돌아왔다. 자공이 실패하여 돌아오자 아무도 함부로 선뜻 나서지 못했다.

잠시 후 평소 말주변이 없다고 평을 듣던 제자가 나섰다. 모두 큰 기대는 하지 않았지만 그에게 농부한테 가보라고 했다. 그런데 그가 농부에게 다가가 이런저런 말을 하자 농부가 말을 돌려주었다. 게다가 농부는 말을 돌려주고 껄껄 웃으며 함께 걸어오는 것이었다.

공자의 제자들은 모두 의아해 했다. 말을 돌려준 농부가 다가와 말했다.

"처음에 말을 돌려달라고 온 사람은 너무 어려운 말을 해서 거꾸로 제 화를 돋웠습니다. 그런데 지금 온 이 사람은 나와 말이 통하니 돌려주는 것입니다."

공자는 말을 되찾아온 제자에게 무슨 말을 농부에게 했느냐고 물었다. 제자가 답했다.

"별다른 이야기는 하지 않았습니다. 다만 '당신이나 나나 다 같은 농부가 아니오? 내가 깜빡 조는 사이에 그놈의 말이 밭에 들어가 당신이 힘써 기른 농작물을 망쳐놓았으니 농사를 짓는 내 심정으로 생각해보아도 당신이 화가 나서 못 견딜 것이라는 것을 알겠소' 라고 말했습니다."

처음 농부를 찾아간 제자 자공은 자기가 하고 싶은 말만 하며 자신의 신분을 농부에게 과시하여 거부감을 불러일으켰을 수도 있다. 그러나 두 번째 찾아간 제자는 말 때문에 밭을 망쳐버린 농부의 심정을 헤아리며 말했던 것이다.

선비와
뱃사공

자신의 것만이 최고로 가치 있는 것은 아니다

공부만 하고 살던 학자 선비가 시골에 갈 일이 생겼다. 학자는 강을 건너게 되어 나루터에서 배를 탔다. 마침 배에는 다른 손님이 없어 뱃사공과 학자 단 두 명만 타게 되었다.

뱃사공이 부지런히 노를 저어 배가 강의 4분의 1쯤 지날 무렵 학자가 사공에게 말을 걸었다.

"뱃사공은 천자문을 배우셨소?"

"아니요, 저 같은 뱃사공이 언제 천자문을 배웠겠습니까?"

"천자문을 배우지 않았으면 인생의 4분의 1을 헛살았다고 할 수 있소."

나룻배가 강의 절반쯤을 지나게 되었을 때 다시 학자가 사공에게 물었다.

"사공은 그러면 공맹(孔孟, 공자와 맹자. 유학을 일컫는 말)은 배우셨소?"

"아니요. 저는 공맹이란 말이 무얼 뜻하는지도 모릅니다."

"그러면 사공은 또 인생의 4분의 1을 헛살았소."

나룻배가 얼마를 더 가서 강의 4분의 3쯤 도달했을 때 다시 선비가 물었다.

"사공은 그러면 대장부가 세상에 태어나 이루어야 할 큰일은 무엇인지 생각해보기는 하셨소?"

사공이 답했다.

"제 식솔 건사하기도 힘든데 어찌 세상의 큰일을 생각해보았겠습니까?"

그러자 학자는 "그러면 당신은 인생의 4분의 1을 또 헛산 것이오"라고 말했다.

나루터를 얼마 남겨놓지 않은 지점에서 갑자기 바람이 크게 일더니 배가 마구 흔들렸다. 이번에는 사공이 큰소리로 물었다.

"선비님은 수영을 배우셨나요?"

"나는 아직 수영을 못 배웠소."

"그러면 인생 전체를 헛산 것이 될지도 모르겠구려."

배가 뒤집히자 뱃사공은 강물을 헤엄쳐 강기슭에 도착해 목숨을 건졌다. 그러나 천자문에도, 공맹에도 해박한 지식과 큰 뜻을 지닌 학자 선비는 그만 거친 물살에 휩쓸려 빠져 죽고 말았다.

환경이 지배할 때도 있다

귤화위지

제나라의 안자(晏子)가 초나라에 협상 사신으로 갔다.

초나라의 왕은 안자와 이야기를 나누고 있을 때 부하들에게 일부러 죄인 한 명을 데리고 앞을 지나가도록 했다. 그리고 죄인이 지나갈 때 초나라 왕이 물었다. "그는 어떤 죄인인가?"

죄인을 끌고 가던 병사가 대답했다. "이놈은 원래 제나라 사람인데 도둑질하는 것을 잡았습니다."

초나라 왕은 안자를 바라보고 비웃음을 지으며 "당신네 제나라에는 도둑질을 하는 사람이 많은가보오" 하고 말했다.

이에 안자가 초나라 왕에게 답했다. "같은 귤나무라 하더라도 회수 남쪽에 심으면 맛있는 귤이 열리지만, 회수 북쪽에 심으면 맛없는 탱자가 열린답니다. 그 까닭은 물과 풍토가 다르기 때문입니다. 저 사람이 제나라에 있을 때는 도둑질을 몰랐으나 초나라에 와서는 도둑질을 하게 되니 초나라의 풍토가 도둑질을 하도록 만드나 봅니다."

초나라 왕은 아무런 답도 하지 못했다.

귤화위지(橘化爲枳)라는 말은 여기서 나온 것이다. 사람이 환경을 변화시키기도 하지만 환경이 사람을 변화시키기도 한다. 사람의 말과 행동을 평가하고 판단할 때는 그가 처한 환경과 맥락을 함께 살펴야 오류를 줄일 수 있다.

내가 싫어하는 것을
상대에게 권하지 않는다

자신이 대접받기를 원하는 대로 다른 사람을 대접하라

프랑스에서 루이 14세가 다스리던 시절 이야기다.

파리 베르사유 궁전의 한 정원사가 정성스럽게 가꾼 꽃밭이 궁전을 오가는 대신들과 귀부인들에 의해 밟혀 자주 망가진다고 하소연하자 루이 14세는 작은 푯말을 만들어 꽃밭 사이에 꽂아 사람들이 함부로 밟고 다니지 않도록 했다. 여기서 '하나의 작은 푯대'라는 뜻을 지닌 '에티켓'이라는 말이 유래되었다고 한다.

에티켓, 즉 예의란 다른 사람들에게 불쾌감과 피해를 주지 않고 조심스럽게 행동하는 것이다. 『성경』에는 "자신이 대접받기를 원하는 대로 다른 사람을 대접하라"고 쓰여 있다.

공자는 "자기가 겪기를 원치 않는 것을 다른 사람에게 행하여서는 안 된다(己所不欲勿施於人, 기소불욕물시어인)"고 말했다. 중국 전국시대 초(楚)나라의 은둔 사상가 귀곡자(鬼谷子)는 한 발 더 나아가 "그가 원치 않는 것은 그에게 베풀지 않아야 한다"라고 말했다.

사랑 역시 무례하게 행하지 않는 것이라고 한다.

서로 아무리 사랑하는 사이라 할지라도 상대를 존중하고 예의를 지켜야 그 사랑이 커져간다. 먼저 상대방을 이해하고 존중하는 삶을 살 때 조직과 사회 속에서 함께하는 사람들과 더욱 좋은 관계를 유지할 수 있다. 그러한 행동들은 자기가치를 더하고 삶을 윤택하게 하는 윤활유가 된다.

02

부드럽게 생각하기

노스님의
두 가지 문제

선을 짧게 만들어보아라

어느 날 노스님이 젊은 스님들이 기거하는 숙사 앞으로 스님들을 불러내어 담 벽에 선 하나를 길게 그려놓고 말했다.

"내가 방금 그린 이 선을 너희는 짧게 만들어보아라. 단, 이 선에 절대로 손을 대서는 안 된다."

젊은 스님들은 노스님이 내준 과제를 풀기 위해 머리를 맞댔다. 그런데 쉽게 해답이 떠오르지 않았다. 모두 어떻게 할지 전전긍긍하고 있는데, 뒤에서 제일 나이 어린 스님이 나와 노스님이 그려놓은 선 밑에 그보다 훨씬 긴 선을 하나 그었다. 그랬더니 첫 번째 선이 짧아보였다.

절대적인 해답에서 벗어나 상대적으로 생각해보아라

노스님이 물었다. "하나 더하기 하나는 얼마냐?" "둘입니다." 젊은 스님들이 자신 있게 대답하자 노스님이 호통쳤다. "어째서 둘이냐? 물방울 하나에 하나를 보태면 큰 물방울 하나가 되고, 호랑이 한 마리와 토끼 한 마리를 합하면 호랑이가 토끼를 잡아먹으니 하나가 되지 않느냐?"

노스님의 말에 젊은 스님들이 당황하고 있자니, 노스님이 다시 물었다. "하나 더하기 하나는 얼마냐?" "예, 하나입니다." "아니다. 사과 하나에 사과 하나를 보태면 두 개의 사과가 아니냐?" "아까는 하나 더하기 하나가 하나라고 하셨다가 지금은 둘이라 하시면 저희가 어떻게 답해야 옳겠습니까?" 젊은 스님들이 난처한 표정으로 묻자 노스님이 말한다.

"사람들은 하나 더하기 하나가 둘이라고 당연한 듯 말하지만 사실 그것은 약속된 진리일 뿐이다. 때로는 0도 되며, 셋과 넷도 될 수 있는 것이다. 똑같은 힘을 가진 두 사람이 줄다리기를 하면 아무런 곳으로도 끌려가지도 않고 끌어올 수도 없으니 0이요, 부부가 가정을 이루면 자식을 낳아 셋도 되고 다섯도 될 수 있는 것이다."

세찬 강물을 건너는 법

돌덩이의 쓰임

어느 선교사가 아프리카에서 물살이 빠르고 다리가 없는 시냇물을 건너야 했다. 물살의 빠르기가 사람을 휩쓸고 갈 정도였다. 선교사가 시냇물 앞에서 주저하는데, 원주민들은 세찬 물살을 자연스럽게 헤치며 시냇물을 건너갔다.

선교사는 원주민들이 시냇물을 건너는 모습을 지켜보았다. 그리고 세찬 시냇물을 건너는 방법을 알아냈다. 그것은 무거운 돌을 등에 지고 건너가는 것이었다. 돌의 무게가 사람이 물에 휩쓸려가지 않도록 해주는 것이었다.

원주민들은 무거운 돌을 짐이 아니라 밸러스트(ballast, 배의 안정을 유지하기 위해 바닥에 싣는 물이나 모래 따위의 중량물)로 유연하게 활용한 것이다.

유연한 사고가 창조와 혁신을 가능하게 한다

우리가 배우는 많은 지식은 상식이라고 할 수 있다. 그러나 상식의 노예가 되어 더 넓은 지식의 세계로 들어가는 것이 방해받아서는 안 된다. 조직 경영은 모순되는 것들과의 싸움이다. 안정과 성장, 낮은 원가와 높은 품질, 본업 집중과 사업다각화, 강력한 리더십 발휘와 자율경영, 결과 중심의 보상과 과정의 공평성 평가, 일 중심과 사람 중심 등 한 번에 잡을 수 없는 두 마리 토끼 같은 목표와 현상이 여기저기서 상충된다. 어느 시대까지는 두 마리 토끼 중 한 마리만 잡아도 큰 성공을 거둘 수 있었다. 그러나 지금의 시대는 모순되어 보이는 목표를 동시에 달성할 수 있어야 한다. 그러기 위해선 기존의 것에 새로운 것을 유연하게 결합하고 가공할 수 있는 사고가 뒷받침되어야 한다. 창조적 행위는 이러한 유연한 사고의 주고받기를 통해 이루어지는 것이다.

돌은 무거워도
생각은 유연하게

___

강물을 거슬러 오른 돌사자

옛날 중국 하북성 창저우를 흐르는 강가에 절이 하나 있었다. 절 입구에는 멋지게 조각된 돌사자 한 쌍이 놓여 있었다. 어느 해 큰 홍수가 일어나 거센 물결이 절을 덮쳤고 절 문과 함께 돌사자 한 마리가 강물에 쓸려가 버렸다.

10여 년이 지난 후 스님들은 다시 절 문을 세우기로 하고 홍수에 휩쓸려간 돌사자를 찾기 위해 사람들을 시켜 강 하류 쪽으로 5~6km나 내려가며 강바닥을 훑어보았다. 그러나 발견할 수 없었다.

어느 날 한 사람이 돌사자는 무거워서 강물을 따라 떠내려가지는 않고 모래 속에 파묻혀 있을 테니 원래 돌사자가 있던 부근의 땅을 파보라고 말했다. 스님들은 그럴 수도 있겠구나, 생각하고 부근의 땅을 깊게 파보았으나 역시 돌사자는 발견되지 않았다.

낙담하고 있던 스님들에게 한 노인이 다가와 말했다. "강의 상류로 올라가면서 찾아보시오. 틀림없이 거기 있으리다." 스님들은 속는 셈 치고 노인의 말대로 강의 상류 바닥을 뒤져나갔다. 그리고 상류 쪽 3, 4km 지점에서 드디어 돌사자를 찾아냈다.

"이 무거운 돌사자가 어찌 강을 거슬러 올라왔을까요?" 궁금해 하는 스님들에게 노인이 답했다. "돌사자는 무겁고 단단해서 물에 밀리지 않소. 그러니 상류에서 내려오는 물은 돌사자에 부딪쳐 순간적으로 거꾸로 흐르면서 돌사자 위의 모래를 파헤치게 되는 거요. 그렇게 시간이 흐르면 돌사자는 파헤쳐진 웅덩이 때문에 균형을 잃고 그 모래웅덩이에 빠지게 되고 다시 돌사자 위에 웅덩이가 파지고 돌사자는 다시 빠지고…그렇게 돌사자는 점점 더 상류로 거슬러 올라가게 된 거요."

생각의 힘

항우의 제안을 거절한 유방

중국 전국시대 말, 한나라와 초나라가 천하의 패권을 놓고 마지막 힘겨루기를 할 때의 일이다. 두 나라 모두 한 치 앞을 내다보기 어려운 박빙의 호각세를 보이며 일진일퇴가 거듭되었다.

장기간의 싸움에도 승부가 나지 않자 성미 급한 초나라 왕 항우가 한나라 왕 유방에게 제안했다. "오랫동안의 싸움에도 승부가 나지 않으니 백성들의 고통만 길어지고 있을 뿐이다. 차라리 너와 나 단둘이 만나 일합을 겨루어 자웅을 가리자."

힘은 산을 뽑고 기운은 세상을 덮는다는 '역발산기개세(力拔山氣蓋世)'를 뽐내는 항우다운 제안으로 무공(武功)이 약한 유방의 신경을 건드리려는 의도가 다분히 깔려 있었다. 소문이 퍼지자 항우의 초나라 병사들의 사기는 올라갔고, 유방의 한나라 병사들의 사기는 떨어졌다.

이에 유방이 답신을 보냈다. "나는 머리로 싸우지 너처럼 몸으로만 싸우지 않는다." 유방 자신의 힘은 머리에서 나오는 것이라는 자신감을 표현하는 것과 함께 항우의 머리가 둔하다는 것을 조롱한 것이다. 유방의 이 한마디로 병사들의 사기는 역전되었다.

스스로 초패왕(楚覇王)이라 칭하며 자신만만해 하던 항우는 유방의 이 같은 조롱에 불같이 화를 내며 총공격을 명령했으나 유방의 지략에 번번이 패했고 마지막 해하(垓下)전투에서 명장 한신이 이끄는 한나라 군사들에 의해 포위당한 채 한나라 군사들이 초나라 군사들의 마음을 약하게 하기 위해 초나라 노래를 일부러 불러 들려주는 사면초가(四面楚歌)를 겪는다. 패왕별희라는 연극으로 알려진 항우의 여인 우미인(虞美人)은 이때 자결하고, 패배의 수치심을 이기지 못한 항우는 31세의 나이로 자신의 고향 강동(江東) 땅 앞을 흐르는 오강(烏江)에서 자살했다.

항우가 자살하자 그가 항상 타고 다니며 전장을 누볐던 명마 오추마도 강물에 뛰어들어 죽었다. 평소 항우는 "문자는 제 이름을 쓸 줄 알면 충분하다"라고 말하며 자신의 힘만 믿고 지략의 중요성을 높이 쳐주지 않았다. 게다가 유방 측의 간계에 넘어가 자신이 초왕 자리에 오르기까지 전략을 담당했던 유능한 참모 범증도 대안 없이 떠나보냈다. 결국 지략이 받쳐주지 못한 항우는 패했고, 천하는 머리를 쓴 유방의 품에 안기게 되었다.

03

거꾸로 생각하기

뒤집어 생각하면
기회가 될 수 있다

새옹지마

옛날 중국 북방 몽고 지역과의 변두리 국경지역에 말 한 마리를 기르며 농사를 짓는 노인이 있었다. 어느 날 노인의 말이 몽고 땅으로 달아나버렸다. 이웃 사람들이 안타까워하며 위로의 말을 하자 노인은 아무렇지 않은 듯 말했다. "말들이 달아난 것이 더 좋은 일이 될 수도 있겠지요."

노인의 말처럼 몇 달 후에 몽고 땅으로 도망쳤던 말이 그곳에 살던 다른 말들 몇 마리를 벗 삼아 함께 돌아왔다.

많은 사람들이 축하의 말을 했다. 그러나 노인은 이번에는 "이게 무슨 화근이 될지도 모르지요"라고 말하며 그리 달갑지 않은 표정을 지었다. 몇 달 후 달아났던 말과 함께 온 말을 길들이던 노인의 아들이 낙마하여 한쪽 다리가 부러지고 말았다. 동네 사람들이 노인을 위로하자 노인은 "이 일이 또 다행한 일이 될지도 모르지요" 하고 태평스러운 표정으로 말했다.

1년쯤 후 접경 지역에서 전쟁이 벌어졌다. 몸이 성한 젊은이들은 모두 병사로 징집되어 전쟁터로 나가 싸우다 거의 다 전사했다. 그러나 노인의 아들은 다리가 성치 않았기에 징집되지 않았다.

'변방지역 늙은이의 말'이라는 뜻의 새옹지마(塞翁之馬)는 인간세상의 길흉화복은 변화무쌍하여 예측할 수가 없다는 의미로 사용된다.

인생을 살아갈 때나 조직생활을 할 때 누구나 어려움을 겪는 때가 있다. 사랑했던 연인이 나를 떠나는 것은 안타깝지만 더 좋은 인연을 찾을 수 있는 기회이기도 하다. 조직을 떠나게 된 것은 안타까운 일이지만 뒤집어 생각하면 자기 일을 시작할 수 있는 기회이기도 하다. 보이는 것만으로 좌절하거나 포기하지 말고 뒤집어 생각하여 더 좋은 기회를 찾고 만들어야 한다.

토끼들의
회의

열등감의 비교

심각한 표정을 한 토끼들이 모두 모이자 가장 나이 많은 토끼가 입을 열었다. "세상에 우리 토끼들처럼 불쌍한 신세가 어디 있겠소? 숲에서는 사냥개가 달려들고 산에서는 승냥이가 달려들며, 들에서는 매가 쫓아오니 잠시도 편한 날이 없구려."

다른 토끼가 말을 이었다. "그러게 말입니다. 지난밤에는 아랫마을 토끼가 잠자다가 오소리에게 물려갔고, 낮에는 다른 토끼가 숲에서 여우에게 잡혀갔소. 매번 이런 피해를 보고도 아무 말 못하는 우리 신세니 이 무슨 한심한 팔자란 말입니까?"

회의장은 더욱 비탄 속에 빠져들어 갔다. 한 토끼가 눈물을 흘리며 소리쳤다. "이렇게 서럽게 사느니 차라리 연못에 빠져 죽겠어요!" 그러더니 연못으로 달려갔다. 다른 토끼들이 그 모습을 보고 모두 같은 심정이 들어 그 뒤를 따랐다.

그런데 이렇게 무리지어 달려오는 토끼 떼를 본 연못가의 개구리들이 크게 놀라 일제히 연못 속으로 풍덩 하고 숨는 것이었다. 달려오던 토끼들이 이 모습에 또한 놀라 멈추어 섰다. 세상에 힘없이 나약한 것은 오직 자기들뿐이라 생각했는데 자기들을 보고 놀라는 동물들이 있기 때문이었다.

"우리가 제일 약한 동물이 아니라 바로 저 개구리가 제일 약한 동물인 것 같소."

"아니, 저 개구리들을 보고 놀라는 물고기들이 더 약한 동물들인 것 같소."

"이제 우리 용기를 내서 살아봅시다."

토끼들은 자신감을 회복하고 다시 토끼 마을로 돌아갔다.

이솝우화 중 하나다. 자신들을 사냥개나 여우에 비교하며 열등감만 키우고 한탄하다가 '자살'까지 생각했던 토끼들이 어느 순간 자신들을 개구리에 비교한 후 용기를 회복하여 '살자'를 선택했다는 이 이야기는 비교의 대상만 바꾸어도 전혀 다른 생각과 행동을 할 수 있다는 것을 말해준다.

장점을 생각한다

조롱박의 쓸모

장자(莊子)의 친구가 왕으로부터 큰 조롱박 씨를 얻어 울타리에 심었더니, 물 다섯 통이 들어갈 만큼 큰 조롱박이 주렁주렁 열렸다. 친구는 조롱박 한 개만 물통으로 사용하고 나머지는 쓸모가 없다고 생각하여 모두 버리고 말았다.

장자가 이 이야기를 듣고는 친구에게 말했다. "송(宋)나라에 천을 하얗게 표백하는 일을 가업으로 이어온 사람이 있었다네. 추운 겨울에도 냇가에 나가 손을 담그며 일을 해야 했기 때문에 손이 자주 텄지. 그래서 어떻게 할까 고민하다 우연히 손이 트지 않는 약을 발견하게 되었다네. 그 소문을 듣고 한 나그네가 찾아와 약의 제조법을 100냥에 사겠다고 하자 즉시 그렇게 하고 말았네. 약의 제조법을 산 나그네는 곧바로 오(吳)나라로 달려갔지. 오나라 왕은 그해 겨울 병사들에게 그 약을 바르게 한 뒤 다른 나라와의 전쟁에서 크게 이겼지. 나그네는 왕으로부터 많은 땅과 높은 벼슬자리까지 받았다네. 두 사람이 같은 약을 어디에, 어떻게 이용했느냐에 따라 이렇게 다른 결과가 생긴 것이 아니겠나? 자네의 큰 조롱박은 둘레에 그물을 씌워 큰 술통으로 사용할 수도 있었고, 강에 띄워 배처럼 사용할 수도 있었네."

위로 비교하면 부족하나, 아래로 비교하면 넉넉하다

중국 서진(西晉) 시기의 이름난 장군 장화(張華)는 사람을 보는 안목이 있었다. 어느 때 그는 모용외라는 인물을 추천받았다. 장화는 그를 보고 "그대는 반드시 세상을 구할 그릇이 되어, 난세를 바로잡을 것이오" 하고 칭찬했다.

모용외가 나간 후 신하들이 장화에게 물었다. "저희가 보기에는 그리 뛰어난 인물같아 보이지 않는데 어찌 그리 칭찬하시는지요?" 이에 장화가 답했다. "위로 비교하면 부족해도 아래로 비교하면 넉넉한(上方不足 下比有餘, 상방부족 하비유여) 인물이오."

삼인행 필유아사

공자께서는 "세 사람이 함께 길을 걸어보면 그중 반드시 내 스승이 될 만한 사람이 있나니(三人行必有我師, 삼인행필유아사), 그에게서 좋은 점은 배우고, 좋지 못한 점은 거울 삼아 고쳐야 한다"고 하셨다. 배움에 있어서 타산지석의 자세를 말씀한 것이리라.

모든 것은 그 장점을 살펴 활용한다면 크게 쓸모가 있지만 단점에만 집착하면 쓸모없는 것이 되고 만다. 안 되는 이유가 있다면 되는 이유가 있듯, 단점이 있다면 장점이 있고 위험이 있다면 기회가 있다. 사람과 사물의 약점을 뒤집어 바라보고 장점을 찾고 살려 크게 쓰일 수 있도록 해야 한다.

장애의 모습으로
나타나는 기회

해초가 없으면 물고기도 없다

젊은 해녀가 바다 속을 뒤져 해삼과 소라, 전복을 잡고 있었다. 그런데 해초가 그녀가 일을 하는 데 방해가 되었다. 뭍에 올라온 젊은 해녀는 화를 내며 불평했다.

"독한 약을 풀어서라도 해초를 다 없애버렸으면 좋겠어."

늙은 해녀가 그 말을 듣고 타일렀다.

"해초가 없어지면 전복과 해삼의 먹이도 없어지고, 먹이가 없어지면 전복과 해삼도 없어지고 말아."

"언덕이 있으니 돈을 번다"는 일본 속담이 있다. 힘들어도 높은 언덕을 넘어가 물건을 파는 사람이 돈을 번다. 언덕은 성공을 가로막는 장애물이 아니라 실패한 사람과 성공한 사람을 구별 짓는 요인일 뿐이다.

때로 장애는 눈에 보이는 것처럼 장애가 아닌 경우가 많다. 기회가 장애의 모습을 하고 나타나기도 한다. 그 장애를 뛰어넘다 생긴 상처는 '훈장'이 된다.

사람들은 안락함 속에서 오히려 타락하기도 하고 어려움 속에서 더 큰 일을 이루어내기도 한다.

맹자가 말하는 장애의 가치

맹자는 이렇게 말한다. "하늘에서 사람에게 큰일을 맡기려 할 때에는 반드시 먼저 그 마음을 괴롭히고 그 몸을 지치게 하고 육체를 굶주리게 하며, 또한 생활을 궁핍하게 하여 하는 일마다 어긋나고 틀어지게 만든다. 이것은 그들의 인내심을 기르게 하고 어려운 일을 더 많이 해낼 수 있는 능력을 길러주기 위함이다."

인생이 어떤 시련에 부딪힐 때, 사람들은 두 종류의 사고방식 중에서 하나를 선택한다. 하나는 없는 것, 잃은 것을 보는 마이너스 사고, 즉 부정적인 사고이며, 또 하나는 있는 것, 남아 있는 것을 보고 그것을 활용하고자 하는 플러스 사고, 즉 긍정적 사고다.

긍정적 사고에 대해서는 본서의 1부에서 다루었다. 어떤 사고를 선택하느냐에 따라 결과는 엄청나게 차이가 난다. 사고가 바뀌면 운명이 바뀐다고 말한 것은 바로 이 때문이다.

질책 대신
미소를 짓다

촌장의 부탁

어떤 스님이 여행을 하던 중 묵고 있는 숙소로 마을의 촌장이 찾아왔다. 촌장은 자신의 아들이 수년 동안 방탕한 생활을 계속하고 정신을 차리지 못하고 있으니 스님께서 아들을 만나 훈계의 말씀을 해달라고 부탁했다. 스님은 아들의 잘못을 구체적으로 이야기해달라고 했고, 촌장은 아들의 잘못된 점에 대해 몇 시간 동안이나 이야기해주었다.

스님은 촌장의 말을 다 듣고 난 후 촌장에게 말했다. "오늘 내게 아들의 잘못된 점들을 다 말해주셨으니 이제부터 보름 동안은 아들에게는 물론이려니와 누구에게라도 아들의 잘못을 말해서는 아니 됩니다. 그것만 지켜주시면 제가 그동안 댁에 머물며 아들을 바로잡아 보도록 하지요." 촌장은 스님에게 반드시 그리하겠노라는 약속을 했다.

그날 저녁 스님은 촌장 집으로 가 늦게까지 놀다 들어온 아들을 만났다. 그러나 아들을 보고도 가벼운 미소만 지을 뿐 아무런 설교도 않고 아들과 한 방에서 편하게 잠을 잘 뿐이었다. 아들도 스님에게 아무런 말도 하지 않았다. 다음날도 마찬가지였다. 스님은 아들을 바라보면 따스한 미소만 지을 뿐 한마디 말도 하지 않았고, 아들 역시 스님을 바라보면 빙긋이 웃기만 했다.

촌장은 애가 탔으나 스님과 맺은 약속 때문에 아들을 붙잡고 잔소리를 하지도 못했고, 하물며 스님께는 이래라 저래라 할 수도 없었다.

그렇게 며칠이 가고 약속한 보름이 지나자 스님은 촌장 가족들에게 작별을 고했다. 그런데 스님이 행랑을 꾸리자 아들이 아주 정성스럽게 스님을 거들어주는 것이었다. 스님은 그제야 아들에게 한마디 하는 것이었다.

"자네는 참 좋은 아들일세. 건강히 잘 지내고 부모님 잘 모시게." 아들은 스님에게 크게 고개를 숙였다.

동구 밖까지 스님을 전송 나온 촌장은 스님과 헤어지며 왜 아들의 잘못을 지적하지 않으셨냐고 조심스레 물었다. 스님이 대답했다. "촌장님이 보름간 아들에게 잔소리를 하지 않으니 아들의 얼굴에서 자기가 잘못했다는 표정이 나타나기 시작했습니다. 자신의 잘못을 스스로 깨닫게 된 사람에게 이런저런 것이 잘못되었다고 설교한다면 도리어 귀찮아 할 뿐 좋은 결과를 얻긴 어렵습니다. 촌장님이 아들의 예전 잘못만 떠올리신다면 보시지 못하겠으나, 이미 촌장님의 아들은 달라져 있습니다."

촌장은 스님에게 고개 숙여 절했다. 그날 이후 촌장의 눈에도 달라진 아들의 모습이 눈에 들어왔다. 촌장이 잔소리를 멈추고 아들을 향해 미소 짓기 시작하자 아들도 촌장을 향해 웃기 시작했고, 아들은 촌장이 바라는 것 이상으로 훌륭한 인물이 되었다.

높임을 받으려면
먼저 낮아져야 한다

커다란 뱀이 작은 뱀을 떠받들고 행진하다

어느 더운 여름, 계속된 가뭄에 연못의 물이 말라버렸다. 말라버린 연못 부근에 살던 뱀들은 사람들이 사는 곳과 가깝더라도 물이 있는 연못으로 옮겨가기로 결정했다. 그러나 다른 연못으로 옮겨가다가 사람들의 눈에 띄면 꼼짝없이 일망타진될 위험이 따랐다.

어떻게 하는 것이 좋을까 고민하던 중 가장 작은 뱀이 가장 큰 뱀에게 이렇게 말했다.

"우리 중 가장 덩치가 큰 당신이 앞장서고 우리가 뒤따라가면 사람들이 우리를 보통 뱀인 줄 알고 그냥 잡을 것입니다. 그러니 가장 작은 저를 가장 큰 당신의 등에 태우고 가십시오. 그러면 사람들은 조그만 나를 당신처럼 큰 뱀이 떠받드는 것을 보고 나를 아주 신성한 뱀이라고 생각하고 두려워 아무런 해를 안 끼치고 오히려 피하며 떠받들 것입니다."

작은 뱀의 말을 무리가 듣고 그대로 따랐다. 사람들은 커다란 뱀이 작은 뱀을 등에 떠받치고 다른 뱀들은 그 뒤를 따라 당당하면서도 조심조심 행군하는 모습을 보고는 영물(靈物)로 생각하여 해치지 않고 길을 비켜주었다. 뱀들은 물이 남아 있는 새로운 연못 주위에 무사히 도착했다.

내가 높아지려면 내 주변 사람부터 높여야 한다는 메시지를 담고 있는 이야기로 『한비자(韓非子)』에 나오는 학택지사(涸澤之蛇)라는 고사의 내용이다. 여기서 학택(涸澤)은 물이 바짝 말라버린 연못이라는 뜻이다.

다른 사람을 존중하고 배려할 때 더욱 존경받게 된다
내가 높다는 것을 과시하기 위하여 주변 사람을 무시한다면 결코 존경받을 수 없다. 높아지기 위해선 먼저 낮아져야 한다는 말은 진리다. 부하직원을 존중하고 배려하는 리더는 더욱 존중받는다. 『채근담』에서는 "낮은 곳에 살아본 후에야 높은 데 올라가는 것이 위태로운 것임을 알게 되고, 어두운 곳에 있어본 후에야 밝은 빛이 눈부신 줄 알게 된다"라고 가르친다.

나 같은 이를 잘
거느릴 수 있습니다

'진짜 큰사람' 한신
중국 한(漢)나라를 세운 한고조 유방(劉邦)은 한신(韓信)이라는 명장을 거느렸다. 한신은 젊은 시절 시비를 거는 깡패의 가랑이를 기어 지나 싸움을 피하고 빨래하는 여인이 남겨준 식은 밥을 얻어먹으며 허기를 달래면서도 큰 뜻을 흩트리지 않으며 무(武)를 갈고 닦았다.

그는 처음에 유방과 천하를 다투던 항우 밑에 들어가 일을 했으나 한신의 그릇을 제대로 알아보지 못한 항우(項羽)에 실망하여 스스로 유방을 찾아갔다. 유방은 한눈에 한신의 그릇이 큰 것을 알고 그를 중용했으며 한신은 "사나이는 자신을 알아주는 주군을 위해 목숨을 바친다"는 말을 하며 여러 전투에서 큰 공을 세워 대장군의 자리에까지 올랐다.

어느 날 유방은 한신 장군과 담소 중 이런 질문을 던졌다. "나는 군사를 몇 명이나 다룰 수 있다고 생각하시오?"

이에 한신은 "폐하께서는 10만 명 정도의 군사를 다스릴 수 있다고 생각합니다"라고 대답했다.

유방은 다시 한신에게 "그러면 그대는 몇 명의 군사를 다룰 수 있다고 생각하시오?"라고 물었다.

한신은 "저는 많으면 많을수록 좋습니다"라고 답했다.

유방이 다시 물었다. "지금 그 말은 그대가 나보다 많은 병력을 잘 지휘할 수 있다는 말이오?"

한신이 답했다. "그렇습니다. 저는 폐하보다 많은 병사들을 잘 지휘할 수 있습니다."

유방은 은근히 불쾌해졌다. 그래서 정색을 하고 "나보다 많은 병력을 지휘할 수 있는 능력을 지닌 그대가 어찌하여 나의 신하 노릇을 하고 있소?" 하고 비꼬는 질문을 던졌다.

그러자 한신은 고개를 숙이며 유방에게 답했다. "폐하께서는 병사들을 직접 다루시는 데는 저보다 못하시지만 그 병사들을 다루는 장수들을 다스리시는 데는 저보다 능하십니다."

한신의 이 대답에 유방의 얼굴이 환해졌다.

04

불가능한 이유보다 가능한 방법 찾기

499번의 실패보다
하나의 성공한 작전을 참조하라

작전을 세운다는 것은 '가능성'을 찾는다는 것

6·25 전쟁 중 연합군 사령관 더글러스 맥아더 장군은 부산까지 침공해온 북한군의 보급로를 중간에 끊고 북한군에 점령당한 서울을 탈환하는 작전이 필요함을 느끼고 그 방법을 찾도록 참모들에게 지시했다.

참모들이 가져온 작전 중 하나가 인천상륙작전이다. 참모들은 그 작전은 여러 가지 대안 중 하나이지만 가장 성공확률이 낮고 위험부담이 큰 작전이라는 의견을 피력했다.

맥아더는 가장 성공확률이 높지 않다고 아군이 평가하는 작전이라면 적들도 그렇게 평가할 것이라고 생각했다. 그는 인천상륙작전을 감행하기로 결정했다. 그리고 작전을 실행하기에 앞서 바다에서 육지로 공격한 전쟁 사례를 참조하여 구체적 전술을 마련하라고 지시했다.

참모들은 맥아더에게 바다에서 육지를 향해 상륙을 시도한 작전은 500번이 있었는데 그중 499번은 모두 실패했고, 단 한 번 제2차 세계대전 시 노르망디 상륙작전만 성공했다는 사실을 알려주었다.

맥아더는 이렇게 말했다. "그 500번의 전투 중 우리가 눈여겨볼 것은 비록 단 한 번뿐이었지만 성공한 전투다. 우리는 그 전투를 더 깊게 연구해야 한다."

노르망디 상륙작전의 성공 요인을 깊이 분석한 맥아더는 인천상륙작전이 성공할 것이라는 확신을 가지게 되었고 작전은 성공했다. 그리고 이 작전은 6·25 전쟁의 양상을 바꾸어 북한군을 패퇴시킨 결정적 승리의 요인이 되었다.

떨어지지 않은 사과

강풍에도 살아남은 것에 주목하다

어느 해 일본의 아오모리현에 있는 사과 농가가 태풍의 영향으로 수확에 큰 피해를 입었다. 많은 사과가 떨어져 상품가치를 잃은 것이다. 사과농사를 짓던 농민들은 모두 망연자실했다. 그러나 아무리 한숨을 쉬고 있더라도 이미 떨어져버린 사과를 다시 나무에 붙일 수는 없었다.

모두가 한숨만 쉬고 있을 때 한 사람이 생각을 다르게 했다. 그는 많지는 않지만 아직 사과나무에 붙어 있는 사과들에 주목했다. 그 사과들은 풍속 53.9미터의 강풍에도 떨어지지 않은 열매들이었다.

그는 떨어진 9할의 사과를 생각하기보다 떨어지지 않은 1할의 사과를 어떻게 팔 것인가를 생각했다. 곧 마을의 젊은이들과 판매촉진 실행위원회를 발족시켜 '강풍에도 떨어지지 않은 사과'라는 명칭을 붙여서 대학 입시 합격기원의 부적으로 판매하기로 했다.

사과를 담은 종이 선물상자에 강풍에도 떨어지지 않았다는 것을 나타내는 증명서도 함께 붙였다. 그리고 다음해 정월에 참배객이 많이 모이는 수도권과 간사이 등의 유명한 신사(神社) 앞에서 판매했다. 태풍에도 떨어지지 않은 사과는 일반 사과의 열 배가 넘는 가격에도 불티난 듯 팔려나갔다. 대성공이었다.

새로운 문 열기

신은 한쪽 문을 닫으면 다른 쪽 문을 열어준다고 한다. 만일 한쪽 길에서 실패했으면, 그 길을 포기하고 다른 길을 선택하라는 운명으로 생각하고 노력하는 자세도 필요하다. 어쩌면 자신이 원하지 않았던 길을 어쩔 수 없이 걸어온 사람은 새로운 길에서 크게 성공할 수 있다.

닫힌 문을 바라보며 걱정만 하는 태도를 버리고, 한쪽 문이 닫히면 다른 문을 두드려야 한다. 무한한 가능성을 찾을 수 있는 새로운 문을 앞에 두고 아무것도 하지 않은 채 서 있어서는 안 된다. 신이 열어준 다른 쪽 문으로 들어가기 위해 열쇠를 만들거나 노크를 하는 것은 들어가고자 하는 이가 해야 할 몫이다.

불가능하다고 말하는 자료를 참조할 필요는 없다

실패의 가능성을 전혀 생각하지 않도록 하다

찰스 캐터링은 뛰어난 과학자이자 발명가다. 그는 언젠가 젊은 연구원에게 힘든 과제를 주며 연구소 도서관에 있는 자료는 절대 참고하지 말라고 주의를 주었다. 젊은 연구원은 그의 지시대로 연구소 도서관에 비치되어 있는 자료를 참고하지 않고 과제를 성공적으로 수행했다.

과제를 수행한 연구원이 캐터링에게 왜 연구소 도서관의 자료를 참고하지 말라고 했느냐고 물었다. 그러자 캐터링이 대답해주었다. "그 자료들에는 불가능하다는 결론만 적혀 있기 때문이지."

불가능하다고 생각하면 불가능하다

패배를 극복하는 가장 확실한 방법은 실패의 가능성을 완전히 무시하는 것이라고 한다. 젊은 연구원이 이전의 연구결과를 미리 알았더라면 아마 연구에 착수하기도 전에 자신감을 상실해버렸을 수도 있을 것이다.

세상에 불가능한 일이 없는 것은 아니다. 그러나 너무 많은 일이 실제로 불가능해서가 아니라 불가능하다고 생각해서 미리 포기하고 염려하기 때문에 불가능해지고 있는 것이다.

불가능해 보이는 일이 이루어지려면 불가능하다는 생각을 하지 않아야 한다. 처음부터 안 된다는 부정적인 사고는 새로운 가능성의 출현을 막는다.

얼음 렌즈로
불을 피우다

어둠이 오기 전에

남극 대륙에 도착한 탐험대는 우선 텐트를 치고 짐들을 정리하기로 했다. 각자 역할을 나누어 두 개의 텐트 설치를 끝낸 후 썰매 위에 싣고 온 짐을 풀어 한참 정리하고 있을 때 갑자기 강풍이 불어 닥쳤다. 텐트로 옮겨 정리하려 했던 짐들이 강풍에 날아갔다. 두 개의 텐트 중 하나도 강풍에 휩쓸려 날아갔다. 대원들은 날아가는 텐트와 짐들을 붙잡기는커녕 남은 텐트를 붙들고 사력을 다해 버텼다.

바람이 멈추자 대원들은 바람에 휩쓸려가지 않은 텐트를 더 단단히 고정시켰다. 그리고 불을 피우려 했으나 공교롭게 어떤 대원도 불을 피울 라이터를 가지고 있지 않았다. 식량이 있어도 불을 피우지 못하면 아무런 소용이 없었다. 어둠이 오기 전에 빨리 불을 피워야 했다. 누군가 망원경의 렌즈를 이용하여 불을 피우자고 말했으나 망원경도 바람에 휩쓸려 어디론가 날아가버린 후였다.

탐험대장은 바람에 휩쓸려간 짐들을 찾아오라고 대원 두 명을 긴급히 출동시켰다.

그때 한 여성 대원이 얼음 렌즈를 만들어 불을 피워보자고 제안했다. 탐험대장은 즉시 단단하고 투명한 얼음을 구해오도록 한 후 그것을 갈고 다듬었다. 가장 먼저 완성된 얼음 렌즈의 한쪽 면을 태양을 향하도록 한 후 헝겊에 비추었다. 한참 후 파란 연기가 솟아났고 뒤 이어 만들어진 몇 개의 얼음 렌즈를 동시에 연기가 솟아나는 부분으로 집중하자 드디어 빨간 불꽃이 일어났다.

위험한 고비를 넘긴 탐험대원들은 강풍에 날아간 텐트와 도구들을 다시 찾아와 탐험을 무사히 마칠 수 있었다.

관점에 따라…

"담배를 피워도 되나요?"

어느 날 보영과 교돈이 함께 교회를 갔다.

보영이 물었다.

"교돈아, 너는 기도 중에 담배를 피워도 된다고 생각하니?"

교돈이 대답했다.

"글쎄 잘 모르겠는데. 목사님께 질문해보자."

보영이 목사님에게 다가가 물었다.

"목사님, 기도 중에 담배를 피워도 되나요?"

목사님은 정색을 하면서 말했다.

"기도는 신과 나누는 엄숙한 대화의 시간인데 절대 그렇게 해선 안 되지."

이번에는 교돈이 목사님에게 물었다.

"목사님, 담배를 피우는 도중에도 기도를 할 수 있나요?"

목사님은 부드럽게 웃으며 답했다.

"기도는 때와 장소가 필요 없다네. 담배를 피우는 중에도 얼마든지 할 수 있는 것이지."

"그곳에서 건설 공사가 가능하겠소?"

1975년 여름 박정희 대통령이 현대건설 정주영 회장을 청와대로 불러 말했다.

"지금 중동 국가들이 넘쳐나는 오일달러로 여러 가지 인프라를 건설하고 싶어 하는데, 우리나라에도 일할 의사를 타진해왔습니다. 그래서 관리들을 보내 사전 조사를 시키니 너무 더워 낮에는 일을 할 수 없고, 건설 공사에 절대적으로 필요한 물이 없어 힘들겠다는 보고를 하네요."

"제가 오늘 당장 떠나 가능성을 확인하겠습니다."

정주영 회장은 5일 만에 다시 청와대에 들어가 박정희 대통령을 만나 말했다.

"중동지역은 이 세상에서 건설공사를 하기에 제일 좋은 지역입니다."

대통령은 놀라며 물었다.

"어째서요?"

"건설의 첫째 조건인 모래, 자갈을 현장에서 조달하기 쉽습니다."

"더위는요?"

"천막을 치고 낮에는 자고 밤에는 일하면 됩니다."

"물은?"

"어딘가에서 실어가면 됩니다."

대통령은 비서실장을 불러 지시했다.

"정부가 지원할 수 있는 것은 모두 도와주시오."

고(故) 박정희 대통령과 고 정주영 회장 사이의 유명한 일화다.

작은 열쇠가
큰 문을 연다

발길질로 큰 문을 열 수는 없다

"어제와 같은 방법으로 생각하고 행동한다면, 어제와 같은 결과에도 도달하지 못한다. 닫힌 문 앞에 서서 울고 있지 말라. 문제가 바뀌면 열쇠를 바꾸어야 한다. 커다란 문을 여는 것은 발길질이 아니라 열쇠와 노크다"라는 터키 속담이 있다.

굳게 닫힌 문은 주먹으로 치거나 목청 높이 소리쳐도 열리지 않는다. 오히려 주먹과 목만 아프다.

문제에 부딪쳤을 때 조금만 새로운 각도에서 바라보고 생각한다면 훨씬 부드럽고 효과적으로 해결할 수 있는 열쇠를 얻을 수 있다. 주변 사람들과의 가벼운 대화에서 단서를 얻을 수도 있다. 평소 대하기 어려운 사람이라도 마음을 열고 진솔하게 도움을 청한다면 훌륭한 조언을 얻을 수도 있다.

다른 사람으로부터 열쇠를 빌릴 수도 있다

내가 지닌 열쇠가 맞지 않는다면 다른 사람이 지닌 열쇠가 맞을 수도 있다.

자동차 회사나 가전제품 회사에서는 새로운 제품을 개발할 때 회사 내 전문가들과 함께 학생, 세일즈맨, 주부 등 다양한 분야의 사람들을 모아 개발 팀과 의견을 교환한다고 한다. 제품 전문가들이 지닐 수 있는 고정관념을 깨고 보다 새로운 아이디어를 접목시키기 위해서라고 하는데, 이런 활동은 새로운 열쇠를 발견하는 소중한 과정이라고 할 수 있다.

05

다른 것 받아들이기

긴장감을 더해
생존력을 높이다

청어를 산 채로 운송하려면

영국의 어부들이 북해(北海)에서 청어를 잡은 후 가장 중요한 문제는 어떻게 하면 싱싱한 상태를 유지한 채로 런던까지 운송하는가 하는 것이었다. 어부들이 아무리 애를 써도 런던에 도착하면 많은 청어들이 죽거나 싱싱하지 못해 제값을 받지 못했기 때문이다.

그런데 한 어부만은 청어들을 산 채로 운송하여 큰 이득을 보는 것이었다. 동료 어부들이 그 비결을 가르쳐달라고 조르자 그는 이렇게 이야기해주었다.

"청어를 잡아 보관하는 통에 청어를 잡아먹는 물고기 한 마리를 함께 넣어두면 청어들은 잡아먹히지 않기 위해 계속 헤엄치며 도망을 다니지. 그 때문에 멀리 런던에 도착했을 때도 청어들은 싱싱하게 살아 있다네."

건전한 자극

비슷한 이야기로 메기와 미꾸라지 이야기를 들 수 있다. 가을이 되어 추수가 끝나기 전에 미꾸라지가 자라는 논에 메기를 한 마리 풀어놓으면 미꾸라지들이 메기에게 잡아먹히지 않기 위해 부지런히 움직이기에 힘 좋고 튼튼하게 자란다는 것이다.

서로 상극(相剋)일 수 있는 것들을 어떻게 결합하고 가공하느냐에 따라 목적 달성에 좋은 도움이 될 수 있다.

마찬가지로 조직에도 적당한 긴장감을 불러일으킬 수 있는 자극을 유연하게 줄 수 있다면 더욱 건강하고 활기찬 조직 활동이 이루어진다.

다른 사람들의 경험과 식견을 잘 활용하라

늙은 말의 지혜

중국 춘추시대 제나라의 환공이 재상 관중과 대부 습붕을 이끌고 작은 나라를 정벌하러 나섰다.

적국은 비록 국력은 약했어도 지리적 이점을 활용했기에 공략하기가 쉽지는 않았다.

  출진을 했을 때는 봄이었지만 싸움이 끝나고 돌아올 때는 겨울이 되었다. 어느 산길을 행군하던 중 악천후가 몰아쳐 길을 잃고 말았다. 모두 당황하여 우왕좌왕하고 있을 때 관중이 나서서 말했다. "이럴 때는 늙은 말의 지혜가 필요합니다." 그러더니 늙은 말 한 마리를 풀어주었다.

  늙은 말이 가는 데로 뒤따르니 과연 큰 길이 나왔다.

  또 다른 산길을 행군 중 마실 물이 떨어져 군사들의 갈증이 심했다. 이번에는 습붕이 말했다. "개미는 겨울에는 산 남쪽에 살고 여름이면 산 북쪽에 집을 짓는데, 개미집의 높이가 한 치라면 그 아래 여덟 치를 파면 거기 물이 있소."

  그의 말을 따라 개미집을 찾아 그 아래를 팠더니 과연 마실 수 있는 물이 솟아났다.

열린 시각으로 배우고 활용하기

한비자는 이렇게 말했다. "관중과 같은 현인이나 습붕과 같은 지혜로운 사람도 모르는 일이 있으면 서슴지 않고 늙은 말이나 개미일지라도 스승으로 삼았다."

  늙은 말의 지혜라는 뜻인 노마지지(老馬之智)라는 말은 경험이 풍부하고 숙달된 지혜라는 의미를 포함한다. 배움에 있어 더욱 열린 시각을 지닐 필요가 있다.

이미 있는 기술을 결합하여
새로운 것을 창조하다

———

드론의 상업화

한 소년이 부모로부터 모형 헬기를 선물받았다. 그런데 조종을 시작한 지 얼마 되지 않아 모형 헬기가 추락하며 산산조각이 났다. 이 경험을 계기로 이 소년은 누구라도 빨리 적응할 수 있는 쉽고 단순한 소형 무선 조종 비행기를 만들어야겠다는 생각을 했다. 그리고 관련 기술을 공부하고 전문가들을 찾아 배웠다. 그리고 그 기술들을 효과적으로 결합 가공하여 일반인들도 쉽게 조종할 수 있는 소형 무선조종 비행기를 만들어 상업화에 성공했다. 그가 사용한 기술들은 거의 모두 이미 세상에 알려져 있는 기술들이었다.

작은 쇳덩어리 하나를…

"만약 이 작은 쇳덩어리 하나를 있는 그대로 그냥 팔면
　1달러 정도를 받을 것이다.
　그 쇳덩어리를 가지고 말발굽을 만들어 판다면
　10달러까지 가치를 높여 팔 수 있을 것이다.
　그런데 말발굽 대신 바늘을 만들어 팔면 1천 달러까지 받을 수 있을 것이고, 시계의 부속품인 스프링을 만들어 판다면
　1만 달러까지 값어치를 높일 수 있을 것이다."
　똑같은 원자재를 지니고 있더라도 어떻게 사용하는가에 따라 쓰임

새와 가치가 달라질 수 있음을 설명한 유명한 말이다.

밀가루에 약간의 설탕, 소금, 양념을 가미하고 밀가루를 가공하는 방법을 바꾸는 것에 따라 밀가루로 만든 음식들의 값어치는 크게 달라진다. 사람의 재능도 마찬가지다. 여러 재능이 잘 결합되면 한 가지 우수한 재능이 더 크게 빛을 발할 수 있다.

기존의 제품에 색다른 아이디어가 가미되면 더 훌륭하고 좋은 제품이 탄생하기도 한다.

06

고정관념 벗어나기

콜럼버스의
달걀
───

'처음 하는 것'의 소중한 가치

콜럼버스는 지구가 둥글다는 지리학자들의 말을 믿고 유럽에서 대서양 서쪽으로 계속 항해하면 동방에 도착할 수 있으리라고 생각했다. 그의 모험은 유럽 인들에게 신대륙 발견이라는 선물을 안겨주었다.

 신대륙 탐험에 성공하고 돌아온 콜럼버스는 귀한 손님으로 이곳저곳의 초대를 받았다. 어느 날 많은 사람들이 참석한 모임에 초청받았을 때의 일이다. 한 사람이 비아냥거리듯 물었다.

 "새로운 섬을 발견한 것이 그렇게 대단한 공로입니까? 대서양으로 계속 항해하면 누구라도 할 수 있는 것 아닙니까?"

그러자 콜럼버스는 모여 있는 사람들에게 탁자 위에 달걀을 세워보라고 했다. 사람들은 달걀을 세우지 못했다.

콜럼버스는 달걀의 한쪽 끝을 조금 깨뜨려서 세웠다. 다시 한 사람이 물었다.

"달걀을 깨뜨려 세운다면 누구라도 세울 수 있소."

콜럼버스가 말했다.

"남이 하고 난 다음에는 쉽습니다. 그러나 처음으로 하기는 쉽지 않습니다. 제가 대서양을 항해한 것도 이처럼 처음 한 것입니다."

사람들은 아무 대답도 하지 못했다.

'콜럼버스의 달걀'은 고정관념 깨기, 유연한 사고 전환의 가치, 첫 시도의 어려움 등 많은 메시지를 던져준다. 콜럼버스가 살았을 때는 지구는 평평해서 계속 항해하다 보면 끝없는 절벽으로 떨어진다는 믿음이 지배하던 시기였다. 그러나 콜럼버스는 '지구는 둥글다'고 믿었다. 그리고 고난과 역경을 뚫고 항해를 계속하여 신대륙을 만난 것이다.

당시 사람들의 지식의 한계로 그 신대륙을 인도라고 착각하긴 했지만 그것이 콜럼버스의 업적을 폄하할 수 있는 것은 아니다. 콜럼버스의 신항로 개척으로 인류역사는 '상업혁명'이라는 새로운 장을 펼치게 되었다.

공주의 교만

지혜는 얼굴에 담겨 있지 않다

얼굴은 예쁘지만 교만한 공주가 있었다. 어느 날 왕이 매우 훌륭하다고 소문난 랍비를 청해 그녀에게 가르침을 베풀도록 부탁했다. 랍비를 만난 공주는 실망했다. 랍비의 얼굴이 못생겼기 때문이다. 얼굴이 못생긴 랍비에게 무슨 총명한 지혜가 있겠느냐는 생각을 한 것이다. 그녀는 랍비의 말을 듣는 체만 하며 하나도 가슴에 담아두려 하지 않았다.

헤어질 무렵 랍비가 공주에게 물었다.

"공주님은 임금님이 마시는 술을 어디다 담아두나요?"

"그야 물론 항아리나 단지에 담아놓지요."

랍비는 깜짝 놀라는 표정을 지으며 말했다.

"위대한 임금님께서 드시는 술을 금이나 은으로 된 그릇에 담아두지 않고 그런 질그릇에 담아두다니요?"

그의 말을 듣고 나서 공주는 하녀들을 시켜 즉시 금그릇과 은그릇에 술을 담아두도록 명령했다.

며칠 후 신하들과 잔치를 벌이던 임금은 술 맛이 이상하자 신하에게 어찌된 일이냐고 물었다.

"공주님의 분부대로 금그릇, 은그릇에 술을 담아놓았기 때문입니다"라는 대답이 돌아왔다.

임금은 공주를 불러 야단쳤다.

"너는 어찌하여 술을 금그릇, 은그릇에 담아두라고 했단 말이냐?"

호되게 야단을 맞은 공주는 랍비를 불러 따졌다. 랍비가 말했다.

"공주님, 이제 아시겠습니까? 금그릇, 은그릇이 아무리 좋아도 질그릇보다 못할 때가 있다는 것을. 귀중한 지혜가 얼굴에 담겨 있는 것은 아닙니다."

우리는 공주와 같은 어리석음을 자주 보인다. 사람을 얼굴이나 그가 입고 있는 옷, 그가 지닌 자동차, 그가 나온 학교만으로 평가하는 것은 잘못이다. '뚝배기보다 장맛'이라는 속담이 있다. 사물을 판단할 때 겉만 보고 판단하지 말고 그 속에 담겨 있는 본질을 볼 수 있도록 해야 한다.

시각을 바꾸면
다른 것이 보인다

어느 교수의 실험

어느 대학 교수가 제자들에게 지금 캠퍼스를 걷는 학생들의 사진을 찍어오라고 했다. 제자들이 사진을 찍어오자 교수는 이 사진 속에서 타락한 사람, 거짓말할 것 같은 사람, 더러운 사람, 융통성 없어 보이는 사람을 찾아보라고 했다.

학생들이 각기 대답을 한 후 교수는 이번에는 착해 보이는 사람,

정직해 보이는 사람, 깨끗한 사람, 행복해 보이는 사람을 찾아보라고 했다.

처음에 타락한 사람으로 보인다는 지적을 많이 받았던 사람이 행복한 사람으로도 인식되었고, 융통성 없어 보인다는 사람이 정직해 보인다는 인식을 받았으며, 심지어 거짓말할 것 같은 사람이 정직해 보인다는 평가까지 받았다.

교수는 방금 한 작업의 의미가 무엇이겠느냐고 물었다. 많은 학생들이 사람들은 보는 눈이 각기 다르고 어떤 시각으로 보느냐에 따라 똑같은 사람이 다르게 해석될 수도 있다는 의견을 내놓았다. 한 학생은 우리가 마음만 먹으면 원하는 사람을 어디서든 찾을 수 있다고 답했다. 또 어떤 학생은 같은 사람에게서 장점과 결점을 찾아낼 수 있다고 했다.

학생들의 의견을 들은 교수는 이렇게 말했다. "여러분은 여러분이 원한다면 가장 가까운 사람들에게서도 장점과 단점을 찾아낼 수 있다. 가정에서는 부모와 자녀의 장단점을, 직장에서는 상사와 동료의 장단점을, 사회에서는 지도자나 국민들의 장단점을 찾아낼 수 있다. 중요한 것은 여러분들이 이들의 어떤 점을 찾느냐라는 것이고, 어느 것을 선택하느냐인 것이다."

겉과 함께 속도 보고, 앞과 함께 옆과 뒤도 보아야

노자는 "태풍이 불면 큰 나무는 뿌리째 뽑히지만 작은 풀은 그렇지 않다. 물은 모양이 변하고 아래로 흘러 가장 낮은 곳에 처하지만 산과 골짜기를 망가뜨릴 수도 있다. 강한 것이 항상 강한 것이 아니고 약한 것이 항상 약한 것은 아니다"고 말했다.

사물의 겉모습만 보지 말고 그 속을 들여다보아야 하며, 사물의 정면만 바라보지 말고 뒷면도 돌아보라는 가르침이다.

부분만 보고 전체인 듯 판단하는 오류 벗어나기

맹인과 코끼리

왕이 한 대신에게 말했다.

"경께서는 한 마리 코끼리를 끌고 와서 맹인들에게 보여주시오."

대신은 여러 맹인들 앞에 코끼리를 데려오도록 했다. 맹인들이 각자 손으로 코끼리를 만졌다. 대신이 왕에게 말했다.

"맹인들에게 코끼리를 보여주었습니다."

왕이 맹인들을 소집하여 물었다. "그대들은 코끼리를 보았는가?" 맹인들이 입을 모아 모두 말했다. "저희가 모두 보았습니다."

왕이 물었다. "코끼리는 무슨 모양이었는가?"

그러자 코끼리의 코를 만진 사람은 "코끼리가 무 같다"고 답했고 귀를 만진 사람은 "코끼리가 곡식 껍질을 날리는 키와 같다"고 말했다. 머리를 만진 사람은 "코끼리가 돌과 같다"고 말했고 상아를 만진 사람은 "코끼리가 절굿공이 같다"고 말했다. 다리를 만진 사람은 "코끼리가 나무로 만든 절구 같다"고 말했다. 등을 만진 사람은 "코끼리가 침대 같다"고 했고 배를 만진 사람은 "코끼리가 커다란 그릇 같다"고 했다. 꼬리를 만진 사람은 "코끼리가 밧줄 같다"고 답했다.

『대반열반경(大般涅槃經)』에 실린 '맹인이 코끼리를 그리다(盲人摸象, 맹인모상)'는 이야기다.

여러 맹인들이 코끼리에 대하여 말하지 않은 것은 아니다. 그러나 그 여러 대답의 내용이 코끼리를 표현한 것도 아니다. 여기서 코끼리는 불성(佛性, 중생이 원래 가지고 있는 부처가 될 성질)을 비유한 것이고, 맹인은 진리를 깨닫지 못하는 일체의 중생을 비유한 것이라고 한다.

사물과 사람, 문제의 전체를 알거나 보지 못한다면 부분만을 가지고 전체를 판단하는 오류를 범할 수 있다.

07

상상력 더하기

Moonshot
Thinking
—

영화가 현실이 되다

1902년에 프랑스에서 처음 상영된 14분짜리 영화 「달나라 여행(A Trip To The Moon)」은 많은 사람들에게 달나라를 직접 여행하고 싶다는 꿈을 심어주었다.

  이 영화는 최초의 공상과학 영화이자 판타지 영화로 로켓을 타고 달의 오른쪽 눈에 도착한 사람들이 외계인을 만나고 그들의 왕에게 끌려갔다가 우여곡절 끝에 달을 떠나 다시 지구의 바다에 착륙하는 스토리를 담고 있다.

  이 영화가 프랑스에서 처음 상영되고 60여 년이 지난 1961년 5월

미국의 케네디 대통령은 "인간을 달에 착륙시킨 후 무사히 지구로 귀환시키겠다"는 아폴로 프로젝트를 추진하겠다고 선언했다. 그리고 1969년 7월 19일에 발사된 아폴로 11호는 다음날 달에 도착, 인간의 발자국을 달에 남길 수 있게 했다.

1869년 발표된 쥘 베른의 『해저 2만리』에 등장한 바다 속을 탐험하는 상상 속의 잠수함도 현실로 만들어졌고, 하늘을 나는 인간의 상상 역시 비행기로 현실화되었다.

상상력의 가치

황금은 땅속에서보다 사람의 생각 속에서 더 많이 채굴되었다는 말이 있다. 달에 착륙하겠다는 케네디 대통령의 희망은 말 그대로 'Moonshot Thinking'으로 불린다. 혁신적이고 비약적인 발전은 비슷한 경험의 기존 지식이 누적된 연장선에서는 결코 얻을 수 없고, 신선한 시각과 풍부한 상상력이 있을 때 이루어진다.

상상은 인간이 실현시키고자 하는 목표가 된다.

케네디 대통령은 달에 가려는 목표를 정한 이유를 이렇게 말했다. "우리는 달에 가기로 했습니다. 그것이 쉬워서가 아니라 어려운 일이기 때문에 가기로 한 것입니다. 달에 가고자 하는 목표는 우리의 에너지와 기술 수준을 정비하고 그 한도를 측정할 기회가 되기 때문입니다. 그것은 뒤로 미루기 쉬운 도전이며, 다른 이들도 성공하고자 하는 도전이기 때문에 우리는 기꺼이 달에 가기로 했습니다."

'현재'를 넘어
내일을 상상하라

알프스 산맥을 넘은 상상력

기원전 218년 아프리카 북부에 위치해 있던 카르타고의 용장 한니발은 유럽의 남서쪽 끝 이베리아 반도로 상륙한 후 코끼리 37마리를 이끌고 알프스 산맥을 넘어 로마로 쳐들어갔다.

그것은 카르타고의 한 소년이 코끼리를 타고 거대한 산을 넘는 상상을 그린 그림을 현실화한 작전이었다.

로마는 카르타고군이 설마 알프스 산맥을 넘어오리라고는 꿈에도 생각하지 못했다. 지중해만 바라보며 카르타고의 침략을 저지하려던 로마는 알프스를 넘어 등 뒤로 습격해온 한니발의 작전에 오랫동안 고전을 면치 못했다.

프랑스의 나폴레옹도 이탈리아에 주둔한 오스트리아군을 공격하기 위해 부대를 이끌고 눈 덮인 알프스 산맥을 행군했다. 이 작전 역시 모두가 아예 생각하지도 않았던 것이다. 이때 나폴레옹은 "나의 사전에 불가능이란 단어는 없다"고 말하며 병사들을 독려했다.

알프스 산맥을 넘은 나폴레옹군은 이탈리아에 주둔하고 있던 오스트리아군을 격파하고 이어 신성로마제국을 명망시킨 후 1797년 유럽의 패권을 장악했다.

인류 전쟁사에 빛나는 역사적 승리는 고정관념을 깨트린 지휘관들에 의해 이루어졌다. 비단 전쟁사뿐만 아니라 정치, 산업의 세계에서도 고정관념을 깬 상상력의 가치는 무궁하다.

상상력이야말로 사고의 최고봉이다

'지식의 저주'라는 말이 있다. 기존의 경험과 지식에 함몰되어 있으면 그 이상을 상상하기 어렵다는 말이다. 상상은 원하는 미래를 생각하는 것이다. 그것은 '현재' 지니고 있는 지식과 경험에서 벗어나 자유롭게 생각할 때 훨씬 유연하게 펼칠 수 있다. 미래에 대한 상상은 과거와 현재 모습의 연장선에서 생각할 필요는 없다. 상상이 만들어내는 가치는 현재라는 고정관념을 파괴한 것에 대한 보상이다. '현재'라는 한계를 깨는 상상력이야말로 사고의 지존(至尊)이다.

고사성어, 우화와 함께하는
4칙연산 자기혁신경영

1판 1쇄 인쇄 2015년 11월 10일
1판 1쇄 발행 2015년 11월 16일

지은이 홍문기
발행인 김서규

편집인 최현문
기획 신승기, 김용승
교정 임휘선, 김진원
본문·표지 정현옥

발행처 현대경영북스
출판신고 2014년 9월 9일 제 2014-000123호

주소 서울시 영등포구 여의도동 국회대로 68길 23, 정원빌딩5층
문의전화(편집부) 02-936-0472
이메일 oiler3@naver.com
배본, 판매대행 황금사자(070-7530-8222)

한국어판출판권 ⓒ 현대경영북스 2015

이 책의 한국어판 출판권은 저작권자와의 독점계약으로 현대경영북스에 있습니다.
저작권법에 의해 한국 내에서 보호를 받는 저작물이므로 무단전재와 복제를 금합니다.
* 잘못된 책은 구입하신 서점에서 바꾸어 드립니다.